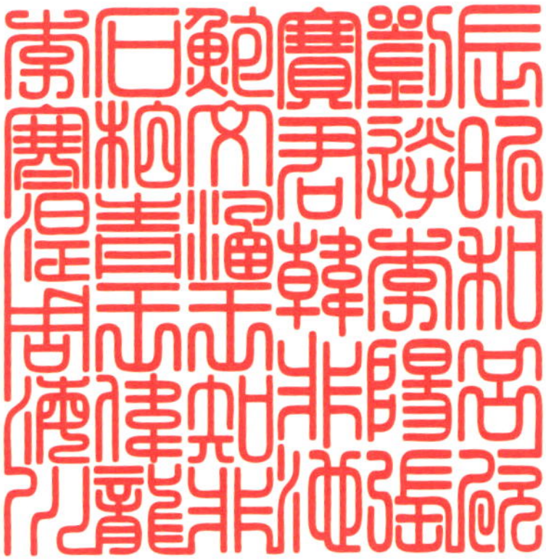

第四产业
数据业的未来图景

QUATERNARY SECTOR
OF ECONOMY
THE FUTURE PROSPECT OF
DATA INDUSTRY

娄攴手居 著

图书在版编目（CIP）数据

第四产业：数据业的未来图景 / 娄支手居著. --北京：中信出版社，2022.3（2023.5 重印）
ISBN 978-7-5217-4003-5

I. ①第… II. ①娄… III. ①信息经济－经济发展－研究－中国 IV. ① F492.3

中国版本图书馆 CIP 数据核字（2022）第 025966 号

第四产业——数据业的未来图景

著者： 娄支手居
出版发行：中信出版集团股份有限公司
（北京市朝阳区东三环北路 27 号嘉铭中心　邮编　100020）
承印者： 北京通州皇家印刷厂

开本：880mm×1230mm 1/32　印张：10.25　字数：210 千字
版次：2022 年 3 月第 1 版　　印次：2023 年 5 月第 5 次印刷
书号：ISBN 978-7-5217-4003-5
定价：68.00 元

版权所有·侵权必究
如有印刷、装订问题，本公司负责调换。
服务热线：400-600-8099
投稿邮箱：author@citicpub.com

目 录

序   IX
引 子   XIX

第一章 源起：美好生活的上下求索

从刀耕火种到美好生活   004

   农业社会的漫长实践：尝试跳出"马尔萨斯陷阱"   004

   工业社会的巨大跨越：钢铁洪流下世界日新月异   009

   服务业社会的大发展：新产业新业态层出不穷   012

从有限供给到无限供给   021

   难以实现无限供给：生产要素总有极限   022

   如何实现无限供给：数据带来裂变式增长   025

   经济规律不会一直不变：无限供给产生   031

从旧生产力到新生产力　　036
　　新生产力是人类永恒的追求　　036
　　低代码革命：新生产力初现端倪　　037
　　算力：更前沿的生产工具　　040
　　数据：更高维的劳动对象　　044
　　新生产力已来？　　049

本章小结　　051

第二章　序幕：第四产业的"前奏曲"

三次产业划分的演进：从配第到库兹涅茨　　056
　　配第：产业划分先河　　056
　　克拉克：产业分类奠基　　060
　　库兹涅茨：理论实证结合　　063

三次产业划分理论的"功与过"　　067
　　是算准底数，还是仅仅为了兜底所有产业？　　067
　　是理清结构，还是新旧产业混为一谈？　　074
　　是指明方向，还是误导发展的鸡汤？　　080

寻找第四产业"新大陆"   087
    从哪里破题？   087
    用什么标准？   089
    谁才是赢家？   092

本章小结   106

第三章 透视：数据业的"精准画像"

数据——数据业的基石   110
    数据 1.0：从媒体到数据   113
    数据 2.0：从用户到数据   115
    数据 3.0：万物生数，数生万物   120

走近数据业   125
    数据采集：万物皆可数   126
    数据存储：汇聚数据之海   132
    数据传输：浪潮的形成   133
    数据分析：从数据到智慧   135
    数据应用：人工智能、虚拟现实与产业赋能   139
    数据应用展望   146

获取数据业的"数据" 148
产业的分类认定 148
产业的核算 151
数据业的认定初探 158
尝试核算数据业 167
展望面向"数据化大生产"的产业核算 173

本章小结 179

第四章 冲击：数据业的颠覆力

改写经济规律：生产函数、全要素生产率和产业经济学的改变 184
生产函数变量的持续拓展 184
数据被引入生产函数后的化学反应 191
数据提升全要素生产率的底层逻辑 194
数据业带来的理论挑战 199
数据业对实体经济的冲击 204

改写社会结构：原子化还是社会化？ 210
数据推动人的转型 210

疏离还是凝聚？	216
赋权公民也赋能社会	220

改写国际关系：拥抱还是对抗？ 223
政治博弈	223
经济角力	224
安全渗透	225
数据改变大国竞争焦点	225
颠覆既有的国际关系认知	231

本章小结 234

第五章 密钥：通往第四产业的必经之路

掌握数据时代的先机 238
拥抱数据时代	239
发挥先发优势	242
价值释放模式不断创新	246
推动数据与实体经济的黏合融通	248
明确数据业的游戏规则	248
开展基于数据技术的场景建设	249

扩大数据规则制定的国际话语权　　　250

找到数据的主人　　　252

集成电路发展进入后摩尔时代　　　252

新时代的主角——算法　　　254

数据权属是否属于平台　　　256

怎样界定不同类型的数据权属　　　259

关注数据隐忧　　　262

算法对劳动者和消费者剩余的隐蔽榨取　　　262

数据资本的无序扩张和"赢者通吃"　　　267

数据漏税和"双支柱"全球税改　　　271

跨境泄露　　　273

数据黑市　　　275

让数据动起来　　　276

开好门：推动数据开放共享　　　276

铺好路：促进数据交易流通　　　278

分好饼：完善数据收益分配　　　281

把数据用起来 285
  传统产业"金手指" 285
  工业流程"指挥棒" 288
  行业生态"培养皿" 291
  社会治理"遥控器" 292

本章小结 294

后记 处在数据裂变新纪元的前夜 295

序

大约在 1995 年，比尔·盖茨撰写了一本轰动一时的书——《未来之路》，他在这本书中预测了微软乃至整个科技产业未来的走势。盖茨像一个预言家，书中描绘的视频会议、手机导航、云存储、网络购物等事物，二十多年后基本都一一实现。这足以让人惊叹，但真正引人深思的是盖茨在书中的最后一问："我们应如何塑造未来？"

只有未来永不过时。

大概多数读者朋友在打理年少时的物件时，总能在书中或抽屉里寻觅到泛黄的信纸和明信片，熟悉的字迹带来旧时温暖的同时，也让人感叹沧海桑田。时光和科技酝酿出远比科幻小说还要精彩的世事变幻，从见字如面到万物互联，也才短短二十余年。

当前，新一轮科技浪潮正在席卷全球，突破性技术集群不断涌现，产业形态以智能化、网络化、数字化为核心特征，正在开启前所未有的巨变。可以说，世界经济即将进入新的历史分流节点，正如经济史上农业、工业、服务业三次产业大分化那般，新的主导产业的诞生，必将开辟人类历史上又一个崭新时代。

第四产业，未来已来。

历史总是押着相似的韵脚

产业是社会分工的产物，参与了人类生存、繁衍、发展、壮大的全过程，产业发展的历史就是一部人类奋斗史、成长史。天地鸿蒙，原本混沌，人们通过产业将世界按需改造成"人化了的自然"，以此寻求人的幸福和意义。一万年前，农业文明让人类走出了茹毛饮血、巢居穴处的原始时代，人类社会在农业这根藤蔓上滋养孕育文明的花蕾；18世纪，工业革命的星火从不列颠迅速燎原，开创了物质财富迅速积累的工业文明，突破了经济、人口"周期性震荡"的马尔萨斯陷阱，实现了人类历史的伟大飞跃；20世纪中叶，服务业迅速崛起、后来居上，成为经济增长的最大动能和支柱产业，服务消费逐步成为社会再生产的基本条件和关键因素，催生出绚丽多彩的城市文明。

与经济实践同步，产业理论也逐步演化发展。17世纪，威廉·配第提出产业中心将逐渐从有形财物生产向无形服务生产转变，劳动力由农转工，再由工转商的理论推想；20世纪40年代，英国经济学家克拉克结合费希尔的三次产业划分理论，基于各国统计数据分析验证了配第关于劳动力在三次产业中的转移规律，提出了一国产业结构演进步伐基本遵循农业、工业、服务业递进更替的规律；20世纪70年代，库兹涅茨进一步研究提出，产业部门劳动生产率的差异推动了劳动力的产业间转移，引致资源在产业间的分配，这是产业升级的关键。

产业演进的步伐一路走过农业、工业和服务业，也伴随人类从历史走向未来。当前服务业发展步入高峰，发达国家服务业增加值占GDP比重已超过70%，逐渐暴露出体量巨大、门类冗杂、指向不明等问题，对"鲍莫尔病"进行对症下药并不容易；同时，传统产业加快融合升级、新兴产业持续裂变新生，对产业划分和演进理论形成了冲击。新的技术变革、新的产业门类、新的理论支撑在哪里？中华文明的发展历程曾与第一次工业革命擦肩而过，为避免"李约瑟之谜"的遗憾，探索产业发展的未来，在跌宕的历史大势中找寻下一轮产业潮涌成为时代的重要任务。

历史是最好的教科书，从农业、工业、服务业发展的历史脉络中，我们可以更加深入地把握产业演进的规律，增强对未来产业跃迁的预见性。基于对产业未来发展的思考，一个新的历史之问跃然纸上：农业、工业、服务业之后，什么才是真正的第四产业？回首过往，农耕经济是对自然生成物的培育和采集，工业经济是加工自然界产物的有形物质生产，服务经济则为派生于有形物质生产活动基础上的无形价值生产。产业的发展变迁伴随着生产方式、主导技术、要素投入、基础设施等的持续演进更替。宏观层面，主要表现为引领经济增长的主导产业的变更，是全要素生产率更高、技术密度更高、产业附加值更高行业成长发展的过程，也是新型产业体系建构的过程。中观层面，无论是劳动对象还是劳动方式，都存在从自然物向非自然物、有形向无形、物质生产向非物质生产演变的过程。微观层面，主要表现为要素投入结构的变化和组织效率的提升，由传统要素向新兴要素、有形要素向无形要素、"低能量密度"要素向"高能量密度"要素转换的过程。从以上三个层面中，我们也许不难找到答案。

须弥藏芥子，芥子纳须弥

数是一个用作计数、标记或者度量的抽象概念，是比较同质或同属性事物等级的简单符号记录形式。数的本体是人们以符号形式对现实世界的抽象认知，在自然界中并不存在，是人类的伟大创造。数组织和记录着人类的生产、生活，我们的思想、行动、表达都离不开数，甚至可以说，整个人类文明是在数的概念基础上发展的。人类用数认识世界万物，古希腊毕达哥拉斯学派认为数为万物之源，整个宇宙是数及其关系的和谐体系；中国《道德经》也有"道生一，一生二，二生三，三生万物"的经典论述。人类用数探寻科学规律，量子世界中弦的振动频率、基因中双螺旋的组成结构最终都可以体现为数。人类用数激发和革新着生产力，以数字表述并记载着二十四节气，以数学为基础的科学发展推动了人类一次又一次的科技变革和产业革命。

自人类使用了数字，人类世界石破天惊，人类文明焕然一新。此后数千年间，数字及与之相联系的数学虽然都在人类文明史中扮演了重要角色，但却以缓慢的步伐波澜不惊地发展着。直到20世纪互联网出现并迅速普及，数据技术高歌猛进，低成本地记录、积累海量数据才成为可能。特别是近几年来，它被广泛地运用于人类社会的生产、生活、管理和社会治理，成为并列于资本、劳动和土地等的新的要素禀赋。数据要素的出现，对世界政治、经济、文化的影响将不亚于15世纪末美洲新大陆的发现，必将奏响人类文明新的凯歌。

随着第三次工业革命的信息化进程，人类社会逐渐从工业化向网络化、数字化过渡，人们的物质、精神、行为活动都通过数据这个虚拟事物全面映射，形成了网络空间的虚拟平行世界。"数化万物，万物皆数"，数据精妙地串联起虚拟时空和现实世界，毕达哥拉斯学派的哲学理念逐步成为现实。

数据看似细微，但可共享、可复制，规模收益递增，打破劳动力、土地、资本等传统生产要素有限供给对经济增长的制约；数据要素的强渗透性，使其可以与其他生产要素深度融合，推动要素回报率大幅提升。

数据技术和基础设施蓬勃发展。全球半导体设备、应用材料技术等"硬科技"加速更新换代，从硅基半导体到氮化镓等第三代半导体，传统半导体材料不断突破和丰富。伴随着计算原理的突破，量子芯片也正在加速演进。大数据、云计算、人工智能等极大拓展计算、存储、感知能力。我国新一代数据基础设施也朝着高速泛在、天地一体、云网融合、智能敏捷、绿色低碳、安全可控的方向加速演进，混合计算框架、实时图计算、边缘数据处理等前沿技术研发取得较大进展，人工智能芯片、深度学习算法等关键技术加快迭代更新，5G通信网络、工业互联网、物联网、数据中心等新型基础设施建设规模跻身世界前列。

数据的赋能、赋值、赋智作用日益凸显，应用场景不断拓展。农业领域，车间农业、认养农业、云农场等新业态和新模式方兴未艾；工业领域，智能硬件、可穿戴设备、智能网联汽车等技术层出不穷；消费领域，"数据+"催生的新业态不断激发消费市场活力，居民消费加速向线上迁移；金融领域，移动支付全面推进，数字人民币试点提速，金融服务中小微企业的精准性显著提升；公共领域，数字政府建设取得重要突破，政府管理和社会治理能力明显增强。数字经济具有高创新性、强渗透性、广覆盖性的特点，推动发展数字经济成为把握新一轮科技革命和产业变革新机遇的战略选择。目前，全球数据爆发式增长，数据流增速超过贸易流、商品流和资金流，数据资源迅速累积，2025年全球数据圈预计将增至175ZB，中国的增速最为迅猛，2025年达48.6ZB，占全球总量的27.8%，成为全球最大的数据圈。

在这新一轮科技革命和产业变革孕育突破的重要窗口期，新技术群体涌现、交叉融合、加速迭代，商业化应用场景不断拓展，科技、场景、产业"三大变革"可能同步爆发，第四产业在哪里的答案呼之欲出。我们借鉴库兹涅茨产业分类理论，比较分析了信息产业、金融产业、绿色产业等作为第四产业"各个选项"的不足，从产业演进的递进性、引领性、可区分性、产业有形性四个维度论证了数据业是第四产业的最优解，并参照波拉特范式，对数据业进行精准画像，建立了数据业认定、核算的理论框架。

一阴一阳之谓道

党的十九届五中全会做出加快数字化发展的重大部署，为我国数据业发展提出了总体要求，指明了发展方向。今天，我们立于高山之巅，东望远方天际，数据产业已是喷薄欲出的一轮朝日。它以磅礴气势冲破云雾冉冉升起，必将深刻改变人类的经济结构和发展方式，突破人类面临的种种困境，为全球经济增长注入雄壮伟力，牵引经济社会的跨越式发展。

霍金说过，"人工智能的崛起，要么是人类历史上最好的事，要么是最糟的。人工智能有可能是人类文明史的终结，除非我们学会如何避免危险"。悲剧性的二律背反是历史前进的必然，数据业提供了经济发展新动能、民生改善新红利、社会治理新方式，也会带来发展的另一面，数字鸿沟、数据安全、数据垄断、数据伦理等将成为人类社会必须面对的新挑战。希望在未来数据业发展实践中，人类能更好地统筹发展与安全，平衡融合好新事物的"工具理性"和"价值理性"，开创更加健全、更经得起考验的数字文明。

这本书凝聚了关注数据业发展的几位同人的共同努力，这是一群对未来产业富有激情和想象的"破冰者"对第四产业进行的一个初步探索，这也是一群关注产业分类如何找到更好归属以实现完美"上岸"的"摆渡人"增删数次、阅改多月形成的一点思想成果。尽管尚有许多未成熟也不通透的地方，但是我们很乐意向读者朋友分享想法和体会，希望能激起大家对"第四产业"这一充满未来感之词的深度思考。

《三体》中说，星海横流，岁月成碑。在不居岁月和如流时节中，总需要有人仰望星空，探知宇宙万物的奥妙和真理之光。《说文解字》对"数"的解释为："计也，从攴娄声。"娄者，天宫二十八星宿之一；攴者，敲击也。"娄攴手居"可理解为用双手的敲击探索，不断摘取夜空中最亮的星。"娄攴手居"为"数据"二字之拆分，故本书写作组以此为笔名，意为不断探索数据业的发展规律，并以兹纪念。

引　子

20世纪80年代，电视统治着大众传媒。随着改革春风吹遍大地，中国千家万户的小荧屏上，港剧《霍元甲》《上海滩》《射雕英雄传》等，以及日本的《排球女将》、美国的《神探亨特》等风靡一时。这些电视剧或奇幻，或温馨，或逗趣，或励志，或悬疑，在当时的人们心中留下了不可磨灭的回忆。

但如果问那个年代的人，他们觉得哪部电视剧最"酷炫"，很多人的答案可能是一部美剧神作——《霹雳游侠》。

这部剧于1982年开始播出，剧情架构十分简单，讲的是一位名叫迈克的私人调查员受虚构的"政府和法律基金会"雇用，开车到处查案，打击犯罪的故事。基本上一集讲一个案子，似乎平平无奇。

当然，按照当时美剧的标配，男主角必须高大、阳光、帅气、多情。饰演此剧的男星大卫·哈塞尔霍夫完美地契合了这一要求，收割男女粉丝无数。甚至在该剧播出35年后，在漫威出品的超级英雄电影《银河护卫队2》中，身为孤儿的主角"星爵"还把他作为时代偶像和完美父亲的化身，在宇宙中遇到亲爹后，仍拿出他的照片，作为"标杆"细细端详比较。

可仅仅有一个帅哥男主角，就能让这部剧达到"神作"的标准吗？

当然不是，真正让80年代观众感到震撼的，是"开车"这两个字。

该剧男主的座驾，超级汽车"游侠工业2000"（Knight Industries Two Thousand，英文缩写KITT）才是这部剧真正的核心竞争力。

剧中，KITT是一部外形炫酷、温和幽默、神通广大的智能汽车。KITT车身外覆高分子保护层，刀枪不入，可自动驾驶、在水中游泳、在空中跳跃，配备各种强大武器和工具，战斗、治疗、监控无所不能，在主角缺钱时，车载ATM（自动取款机）中还能喷出美钞……

更重要的是，KITT的大脑是一块"奈特2000"微型数据处理器，运算速度为一秒十亿次，这使它拥有自我意识，并能和人类一样思考、交流、学习、互动，甚至还能读书看报，通晓天文、历史、物理等各种知识。它还配有语音合成器,会说多国语言,还特别配有"幽默系统",能随时与主人聊天交流,既会说"我们是手心手背"来安慰主角,也会在水中行驶时向主角吐槽:"我不喜欢鱼味……只要让我上岸,我什么都愿意做。"

这么强大、酷炫、有趣的汽车,完全超出了80年代观众的想象极限。KITT因此圈粉无数,成为当时无数年轻男孩心中的梦想之车,《霹雳游侠》这部剧也因此风靡全球。

梦想归梦想,在当时看剧的大部分观众心中,这些天马行空的想象根本就是科幻神话,他们从来没想过这些可能会发生在真实的生活中。

然而,越来越多的事实告诉我们,KITT这样的超级汽车已经不再遥远。80年代还完全是科幻的高速处理器、大面积显示屏以及传感器系统,现在都已成为智能汽车的标配。

相比于硬件,这背后更重要的,是赋予了机器智慧和人性的数据技术。随着海量数据的不断积累、应用和挖掘,机器已经越来越智能,汽车的自动驾驶、语音交互、自主学习都已成为现实。

不仅是汽车,未来随着数据业进一步的繁荣和创新,人在做、网在联、云在算、数在转,数据将如同空气一般,无处不在、如影随形,渗透到我们社会生活的方方面面,在工业制造、交通物流、能源、医疗、公共事业等方面的革新中发挥巨大作用,不断颠覆我们的生活习惯、工作方式和社交模式。

在未来的数据时代，不仅 KITT 这样的超级汽车会走进寻常百姓家，各种人们想也不敢想的"黑科技"也将成为日常。数据训练的智能机器人会让我们的生活无限便利，数据驱动的各类分析工具会让我们足不出户而知天下事。

基于用户的身体机能数据，智能可穿戴设备商可以为我们量身定制"外骨骼"，根据脉搏、心跳、呼吸频率等数据，实时调整、迅速反应，让每个人都像布雷斯塔警长一样，具备"鹰的眼睛、狼的耳朵、豹的速度、熊的力量"，未来街头上的每个人，都可能成为蜘蛛侠、钢铁侠、蝙蝠侠，上天入地，无所不能。

甚至在数据时代，通过人机交互，人类大脑神经网络的数据将可能被全景记录和复制，并在智能设备中进行数字化存储。当该设备处于激活状态时，便可产生与人类意识高度相似的思维过程，从而在一定程度上实现意识再造。这意味着人们可能最终挣脱物理世界的限制和有限资源的束缚，如电影《黑客帝国》演的一般，将大脑神经网络数据上传到虚拟世界，构建另一个真正的"元宇宙"（metaverse），生命将以另一种形式存在，并与现实世界进行联系。

如果立足当下，为我们人类书写一部未来史，那么数据一定是其中最富有创造性和想象力的篇章，数据业必将成为驱动经济指数级增长的引擎、轰击现代产业格局的中子、扣动产业裂变扳机的手指，是大国角力的核心赛道和巅峰擂台。

在人类的历史上，农业、工业、服务业都曾给世界带来巨大的革命性变化，并被称为第一、第二、第三产业，那么正在拉开帷幕的数据业，会不会是下一个改变世界的第四产业呢？

在回答这个问题之前，让我们先回到过去，看看第一、二、三产业如何一步一步给人们带来现在的美好生活。

第一章
源 起

美好生活的
上下求索

追求美好生活是人类永恒的主题。

人类从远古走来，经历了与大自然漫长的斗争，进入农业社会。农业的产生，让人类逐步摆脱了刀耕火种、茹毛饮血。当瓦特的蒸汽机推动人类经历血与火的洗礼，进入工业社会后，工业化让人类对世界认识的深度与广度大大拓展，各类生产要素的活力竞相迸发，创造社会财富的源泉充分涌流，全球经济总量快速提升，物质财富不断丰富，人民生活普遍改善，人类社会呈现前所未有的繁荣景象。在此基础上，服务业应运而生，使得生产更加高效，生活更加便捷，经济增长动能更加强劲。

回顾人类的产业发展史，不难发现，生产要素是满足人类美好生活需要的基础性、先导性资源。资本、技术等新兴生产要素的不断涌现，对于推动产业发展、变迁、演进、迭代、置换具有重大和深远的意义，每一种产业的背后，都有一种核心的生产要素发挥着牵引作用。不同产业构筑的产业版图正如一束光谱，在不同生产要素的牵引下逐渐变得越来越多姿多彩。

从刀耕火种到美好生活

与地球45亿年的高龄比较，人类只是地球的"新客人"。如果将人类历史放在显微镜下审视，采集狩猎史竟占到了人类历史的99%。是什么力量，让人类在1%的时间里，一次又一次突破自我，挣脱蒙昧与野蛮，不断开辟新时代？

分析的切入点可以是多样的。我们尝试去繁就简，从生产要素的视角，来探究这背后的历史逻辑，找寻生产要素与人类美好生活之间的关系，或许能够帮助我们从另外一个角度认识我们身处的时代，进而更好地去探究未来。

农业社会的漫长实践：尝试跳出"马尔萨斯陷阱"

18世纪之前，欧洲的年均经济增长率只有0.03%，以世纪为单位来计算，每世纪的增长率也只有3%。亚洲的增长速度更慢，整整用了17个世纪的时间，经济才增长了25%，也就是说每世纪的增长率只有1.47%。因此，工业革命之前，世界各地之间的发展差异并不大。

当时，人类最主要的生产对象就是农业涉及的粮食、牲畜、鱼类等。哪怕是最发达的社会,也必须要有75%~80%的劳动力从事农业生产。当人口增加超过粮食供给时,老百姓生活水平下降,资源变得供不应求,疫病、饥荒、战争等天灾人祸随之暴发,以极其粗暴的方式缩减人口数量,调整实现资源供求的再平衡,之后,又开始新一轮的人口增长和衰减,不断循环往复。

这就是著名的"马尔萨斯陷阱"。

考察人类跳出这个陷阱的漫长实践可以发现,生产力是核心主线。在原始社会中,最常见的生产活动是采集,劳动力是生产力唯一的重要因素,采集食物是一场真正的荒野求生,聪明的人往往能够获得更多的食物得以延续生命,弱者由于食物匮乏则面临被淘汰的命运。经过漫长的实践积累,劳动者的生存经验不断增加,使采集更加得心应手。

慢慢地,人们开始学会使用工具,这是人区别于动物最重要的特征,人类终于步入了进化的加速期,并不断走出大自然的"新手村"。

在狩猎中,人类祖先开始学会投掷石头,使用燧石制成的长矛刺穿猛兽,还会设下陷阱围捕猎物,夺取一场又一场的胜利。再后来,人类学会用火进行自我保护、狩猎动物和加热食物,从原来的茹毛饮血到品尝美味可口的熟食,从原来的风餐露宿到有了遮风挡雨的洞穴,人类生活发生了质的变化。

当人们开始学会拿着工具与大自然搏斗、与土地结合并开展生产的时候,农业就产生了。甲骨文里最早出现的"农"字,就是人类拿着石器农具耕作的样子。《汉书》指出,"辟土殖谷曰农",就是说,农业是人们拿着工具开辟土地种植稻谷。历史上,无论是东方还是西方,传统农业社会的立身之本都在于农具和耕作技术的创新。约公元前1130年的时候,多里亚人十分推崇铁器,发明了镰刀,开始使用各种铁制工具。在城邦国家建立的早期,木犁逐渐被装上铁制的犁铧。人们在土壤肥沃的地方会使用轻犁进行耕作。而在土壤贫瘠的西欧,重犁的出现则解决了人们的深耕难题。

无独有偶,西周时"一人跖(踏)耒而耕,不过十亩"。到了战国,青铜器开始没落,铁制农具带来的进步振奋人心。"今一夫挟五口,治田百亩,岁收亩一石半,为粟百五十石",战国时期政治家李悝的表述是最好的证明。

作为实物资本的劳动工具显然是农业生产中举足轻重的发明,它使人类的生存能力得到了大大提高,开始脱离了采集捕猎的原始状态。工具的使用,让农业生产从人和土地的结合,进化为人、土地和工具的结合。

仅仅是生产工具的进步就极大地促进了生产力的提高,随之而来的便是农业社会发生了更加剧烈的变革。秦汉时期,北方农业兴起,人们改进垄作法,后来有了代田法的用武之地。到了魏晋南北朝,耕耙耱技术已成为江南水稻产区农民的首选。两汉时期，随着水田冬作的发展，一年两熟制在南方初步推广。隋唐以来，江南农业更大程度发展，出现了"赋出于天下，江南居十九"的局面。

放眼全球，公元前5世纪中期，希腊人在地力肥沃的南部开展一熟制，在地力贫瘠的北部则实施了三圃制，并在有条件的地方开始灌溉，修筑梯田。中世纪的欧洲陆续出现了续耕续休制、二圃制和三圃制。从粗放耕作到精耕细作，农业生产力的深度和广度都进一步提升。从东西方看传统农业的发展史，我们会发现，技术的进步让人类开始有勇气去改造自然，为农业生产插上了腾飞的翅膀。

前期农业的发展主要受制于农民、土地、技术、以生产工具为代表的物质资本生产要素。千百年来，农业的发展无非就是围绕以上要素做文章。随着商品经济的发展，资本这一要素在农业生产中扮演越来越重要的角色，推动了农业的专业化、规模化进程。农民、土地、技术和资本在量上的扩大、质上的提升，不同生产要素的配比以及发挥作用的大小，决定着农业社会生产力的水平。原始社会中，人们主要看天吃饭，农业社会里，更多要依靠人力投入和生产工具的发展，而到了现代农业，科学技术则更为关键，我国的杂交水稻、日本的精细种植、以色列的滴灌技术，都成为现代农业发展的典型代表。

延伸阅读

科技赋能的以色列农业

以色列是一个农业自然资源相对贫乏的国家，特定的农业生产条件，决定了以科技创新为导向的高投入、高产出、高质量、高效益农业路线成为必然的发展之路。当前以色列农业的科技贡献率超过90%，居世界前列。以色列是现代节水灌溉技术的发源地和设备主要供应地。以色列农业节水灌溉技术以滴灌为主，输水管网遍布全国各地，水肥连供能直接输送到植物最易吸收的根部，通过持续缓慢的供水供肥来维持作物根区最适宜的水分养分含量，使水分利用率提高到95%，肥料利用率提高到80%。以色列的温室大棚技术自动调控温度、湿度、灌水、肥料供应等，大幅度提高了农产品产量，又有效避免了病虫害和光、热、水、气异常变化的影响，提高了农产品质量。以色列育种技术处于世界领先水平，突出育种的实效性和经济性，培育出了一系列符合农业生产需求和市场欢迎的新品种。信息技术被广泛应用于以色列农业生产的全过程，将农业生产的各个环节有效连接起来，提高了以色列农业生产的效率和效益。

从单一的劳动力生产要素，逐步扩展到人、土地、资本和技术相互配合，人类社会经历了从旧石器时代、新石器时代、传统农业到现代农业的巨大飞跃。单位面积土地能够生产越来越多的粮食、水果和蔬菜，养活越来越多的人口。

纵观农业发展历程，每一个关键转折，如从旧石器到新石器、从传统到现代，都需要一个强力的外生冲击，这个冲击就是主导性生产要素的改变。每当一个新生产要素出现并融入生产生活，就意味着生产力实现了新的进步甚至飞跃。

我们不禁要问，是否会出现一种新的生产要素，参与到未来的农业生产中，让其他生产要素的活力更加迸发，推动全要素生产率持续提升，从而创造出更强大的农业生产力？

工业社会的巨大跨越：钢铁洪流下世界日新月异

农业社会里，人类的财富更多是来自土地，人们期盼风调雨顺，作物丰收。古代的皇帝在先农坛祭先农神，行籍田礼，期望着每年能得到更多大自然的"恩赐"。进入工业社会，人类依靠自己创造的条件来增加经济产出，尝试成为"造物主"。工业革命时期，蒸汽机代替人力和畜力，人类的体力大大节省，生产效率则大大提高，工业生产创造了巨大的物质财富，人类世界发生了翻天覆地的变化。

进入工业社会后，人类的生产方式还在持续升级，只不过，各类生产要素所贡献的价值发生了急剧改变,土地、劳动力、资本依然重要,技术、企业家才能则变得更加关键,更具革命性。

18世纪,从飞梭到珍妮纺纱机,人类逐渐感受到了机械这一工具的高效与便捷。18世纪末,瓦特改良了蒸汽机,正式宣告人类登上了新的高度,钢铁洪流即将到来。

最先产生变化的是轻工业,港剧《苗翠花》中有一个情节,方世玉之父方德气不过洋人对国内布料的鄙夷,定下赌约,比拼两国刺绣工艺。他选定经验丰富的老匠人不眠不休月余,织出"双面绣"绝活,洋人拿出的则是平平无奇的普通刺绣。但细细探究,他却发现洋人的普通刺绣只需要孩童操作机械,很短时间内便可批量生产。他深觉时代已经变化,当即引入机械改造传统纺织生产。

虽然这一故事可能杜撰成分大于史实,但也描绘了18世纪末到19世纪初轻工业的巨大变化,更先进的生产工具和技术迅速改变了原有的生产方式,带来了更高的效率、更大的产出。

轻工业劳动工具打开了新纪元的序幕,之后便快速迭代升级。产业变革迅速从轻工业传导到重工业,不久,人类就用钢铁塑造了不一样的世界。

这个世界创造了钢铁怪兽——火车、汽车、轮船、飞机,代替了马车和木船;创造了水泥丛林——公路、大桥、隧道、高楼,代替了马道和木屋草房;创造了五光十色——霓虹灯、电视机、大银幕、留声机,代替了蜡烛和油灯,点亮了夜晚,驱散了寂寞。

当然，人们也铸造了一种又一种更有杀伤力、更有破坏力的武器，构筑了"枪与炮"的热兵器时代。甚至在后工业主义、赛博朋克等较为超前风格的艺术作品中，也随处可见钢铁机械的身影。比如1995年，迈克尔·杰克逊在布拉格拍摄的宣传片中，不但有军队伴舞，还有坦克飞机配合，堪称其封神之作。

这一切的产生，却不仅仅是因为土地。是的，劳动对象在不知不觉中发生了翻天覆地的变化。

工业体系的复杂性，使劳动者面对的劳动对象更加广泛，从自然资源到生产过程中的零部件、半成品，乃至工业产品都可以成为劳动对象的一种。这衍生出了庞杂的工业分类，也造就了更为精细的分工。所以作为这一时代劳动者的代表，工人的内涵更加丰富。比如，纺织女工和钢铁工人所面对的劳动对象、所使用的劳动工具截然不同。

劳动者创造并决定了不同类型的生产关系。英国工业革命前夕，资产阶级革命和重商主义为逐利行为提供了一个宽松的环境。比如：产权制度的建立，使商人的利益得到更好的保障；专利法的颁布，保证了技术发明人的经济利益；财政金融方面的创新，降低了融资成本，提高了经济效率。

从组织上看，传统手工业组织形式发生了变化，出现了企业这一伟大发明。企业以营利为目的，运用劳动力、资本、土地、技术等各种生产要素，向社会提供产品和服务，替代了家庭的生产方式,以专业分工和规模经济的形式提高效益。企业的大量出现,壮大了市场,产生了更多新的交易、合作机会。随着生产社会化和商品经济的发展,市场经济的出现,进一步激发出市场主体更多的内生动力,带来了更多组织和制度创新。

所处历史阶段不同,所见亦不同。进入工业社会后,当人们升级劳动工具,将拖拉机、联合收割机开入农田,改造劳动对象,不断择优育种时,我们不得不感叹,劳动者已"士别三日,当刮目相看"。人类进入了一个不仅仅依赖太阳和季节的节奏进行生产的时代,一个突破了人畜体力极限的时代,一个斯密式或熊彼特式经济增长①的时代。

服务业社会的大发展:新产业新业态层出不穷

工业绝不会成为人类攀登的顶点,生产力也绝不会停止迈进的步伐。

随着人类的发展,各行各业都诞生了巨大的需求,个别敢于吃螃蟹的劳动者挣脱行业的桎梏,尝试为以前的工友提供专业服务并获取收益,这成为现代服务业的萌芽。

但这些需求仅靠个别劳动者来满足,并不现实。人类从群体主义和社会分工中尝到的甜头、汲取的经验开始发挥作用,越来越多

---

① 斯密式增长是指主要依靠资本投入来实现经济增长,熊彼特式增长是指主要通过科技进步和创新来提高效率以实现增长。

的劳动者进入提供服务的行列，推动了 20 世纪服务业的发展与兴盛。简单来说，服务业的工作是满足"需要"，但这"需要"层出不穷，劳动对象更为丰富，劳动过程更为新颖，劳动成果更为多样。

同时，劳动者的自身能力变得越来越重要，办公室里的一个白领所创造的价值，可能并不比几百个工人没日没夜工作创造的价值少。一部电影的票房，甚至比某个企业的产值高得多。劳动力素质（知识水平）的高低变得更加重要，成了更加关键的变量。

美国经济学家富克斯在《服务经济学》中阐述了服务业发展的动因，根据劳动对象和需求的不同，总体分为消费需求的增长引致生活性服务的产生，以及制造业发展推动生产性服务需求的提升。[①]

首先是生活性服务业，它是指满足居民最终消费需求的服务活动，包括为居民和家庭提供健康、养老、旅游、娱乐、体育、文化、零售、出行、住宿餐饮、教育培训、住房服务等方面的服务。简单来说，生活性服务业是满足人类吃穿住用行的服务行业，贯穿于居民个人的生老病死各环节。

生活性服务业与居民消费息息相关，向居民个人提供物质和精神生活的消费产品及服务，面对的是人民群众多层次、多元化的需求，关系的是人民群众的获得感、满足感和幸福感。因此，个性化、本地化、国际化、便利化成为生活性服务业的重要特征。

[①] 维克多·R.富克斯.服务经济学[M].北京：商务印书馆，1987.

按照发展经济学的理论,当服务业在 GDP 中的比重达到一定程度的时候,生产率会下降,经济发展速度会整体放缓,这种现象又被称为"鲍莫尔病"。这与老派的生活性服务业难以进行规模化、标准化的特质密切相关。生活性服务业往往是面对面的服务,比如教育就是老师对学生,医疗就是医生对患者,家政服务就是保姆对家人。

延伸阅读

> ### 服务业占比增加、经济增速下降的"鲍莫尔病"能够被解决吗?
>
> 美国经济学家威廉·鲍莫尔(William Baumol)在 1967 年建立包括进步部门和停滞部门的两部门宏观经济增长模型,发现进步部门生产率相对快速增长会带来停滞部门相对成本的抬升,并导致停滞部门的产值在国民经济中的比重不断提高。当制造业的劳动生产率提高时,人力成本上升波及之前劳动生产率并不高的服务业,从而抬升政府、医疗、教育、表演、休闲等各种服务业的人力成本,由此造成服务业成本的提高,服务业占经济的比重上升了,但经济增长反而放缓,

这种现象被称为"鲍莫尔病"或"鲍莫尔成本病"。

从国际经验看,进入服务经济时代以后,经济增长就是一个"喇叭口"形态,一边是服务业的比重往上走,一边是经济速度往下走。主要原因在于,传统服务业的市场主体难以使用高效率生产设备提高劳动生产率。在服务业效率不改善的同时,制造业的效率在成倍、成十倍、成百倍地提升。所以,服务业是一个面对面、同时同地、不可能使用高效设备的产业,和高效率的制造业相比是一个非常明显的生产力停滞的产业。

2012年,服务业已经成为中国经济中的第一大产业,2015年服务业占中国经济的比重超过了50%。我们是不是会遵循先行者的规律,进入一个经济增长速度不可避免地下行的阶段呢?这个问题的核心在于是否可以提高服务业的生产效率,如果生产效率大幅提升,经济增长速度下行也可能会避免。近年来,随着新的生产要素——数据进入服务业,服务业的生产逻辑正在发生深刻变革。例如,一个老师平均只能教12个孩子,在制造业生产率提高很快的同时,教育的生产率是没有提升的。但是有了慕课(MOOC)之后,同样一个老师,他可以教的学生呈高倍数增长。清华大学现在

> 大概有 200 门慕课，有 800 万名学生，平均一个老师可以教授 4 万名学生，最多的一门可以教 100 万名学生。我们可以发现，凡能借助数据技术的服务业，其效率比制造业还要高很多，这是一个革命性的变化，也是未来增加服务业占比，解决经济增速下降的"鲍莫尔病"的关键。

这种投入产出模式，决定了生活性服务业的效率很难提升。当工业生产效率急速提升的时候，生活性服务业仍然停留于面对面的服务，尽管生活性服务业是吸纳就业的重要"蓄水池"，但是劳动个体千人千面、千差万别，难以标准化复制，而且先进技术渗透融合较难，不易实现"摩尔定律"式的快速发展变革，生活性服务业的生产率提升速度显著慢于其他行业部门。但总体上，大部分生活性服务业，如养老、托育、家政，从产生那一天开始就相对稳定，与新的生产要素融合较慢，一直是面对面提供个性化服务的产出模式。

当然，一切事情总有例外。例如，老派的教育行业提速起飞，通过加入新的劳动工具，即互联网，打破了教育的时空限制。慕课就是利用互联网掀起了一场学习革命，给贫困偏远地区的学生和社会人士再学习提供了公益普惠性的学习平台。截至 2020 年 10 月，我国主要慕课课程平台已达到 30 余家，上线慕课数量已有 3.4 万门，慕课数量和应用规模已居世界第一。①

再来看生产性服务业，它是指为保持生产过程的连续性、促进技术进步、产业升级和提高生产效率提供保障服务的行业。简单来说，生产性服务业是农业、工业的配套服务行业。

生产性服务业也是"专业的人干专业的事"这个最朴素的市场逻辑下的产物。企业要发挥核心竞争力，就必须把自己所不擅长的那部分业务外包出去，从而更加心无旁骛地聚焦于自己的核心业务，这样既提高了生产效率，也降低了自身成本。比如交通运输、现代物流、金融服务、信息服务、商务服务等行业，都属于生产性服务业。

决定生产性服务业产出效率的因素，主要是人力资本和知识水平，而这两个因素都可归集到劳动者身上。技术密集、知识密集、人才密集、创新密集是生产性服务业的显著特征，也是全球许多著名制造业企业战略转向的共同选择。苹果、特斯拉等高科技制造企业，也都纷纷向更强创新力、更高附加值的生产性服务业转型。国内外的经验也表明，产业价值链高端化离不开生产性服务业中的高级劳动者要素的集聚。

劳动者中技术能力更为优秀或管理能力拔尖，能够更加高效创造价值的群体，就是我们所说的人才。可以说，人才一直贯穿

---

① 慕课打开教育更多可能 [N]. 人民日报，2020-12-28（05）.

于人类社会生产力的发展史，人力资本的积累在任何时代都发挥着至关重要的作用，不同时代的人才对事物的认知存在巨大差异，背后的受教育程度和专业技术能力也有天壤之别。

随着越来越多的劳动者进入提供服务的行列，生产性服务业得以从工业中脱离，为工业生产活动提供辅助和支持，并日益成为制造业价值链的关键所在。随着与生产性服务业的融合，传统工业不断被重构、被升级，加之更便利的劳动工具不断加入，生产力水平达到了新的高度。

同时，生产性服务业也推动农业进入了新的层次，劳动对象、劳动工具不断被重塑，劳动者也出现升级分化，从"面朝黄土背朝天"的传统小农，转变升级为更细化的农业科技工作者、农艺师、农机操作员、家庭农场经营管理者等多种角色。当物资不再紧缺，农业也由一味地面向产量走向了产量质量并举。现今的超市里，绿色、有机、无公害农产品，如壹号土猪、樟树港辣椒等农产品已开辟并占据了各自领域的高端细分市场，成为新的爆款。

在发达国家，普遍存在两个"70%现象"，即服务业增加值占GDP的比重为70%，生产性服务业占整个服务业的比重为70%。[①] 可以说，生产性服务业是先进生产力发展最为集中的体现。

---

① 胡迟.制造业转型升级："十二五"成效评估与"十三五"发展对策[J].经济研究参考，2016（49）：3-27.

延伸阅读

> ### 生产性服务业让"专业的人干专业的事"
>
> 生产性服务业囊括了交通运输、仓储和邮政业,信息传输、计算机服务和软件业及商务服务业,尽管其本身并不向消费者提供直接的、独立的服务,却贯穿于整个产业链的各个环节。生产性服务业源自市场自由而充分竞争下的分工社会化。即在市场自由竞争下,企业必须将自身有限的资源配置到其最擅长的领域,通过市场购买相关生产性服务以替代企业内部生产。IBM和福特公司都宣称,它们不是做产品(计算机、汽车)的,而是提供服务的。产自贵州遵义的小辣椒要运到贵阳,如果通过传统配货方式,每吨的物流成本是300元,而通过物流公司的专业化物流网络,每吨运费能降低50~100元。这样一来,40万吨辣椒,每年能降低运费2 000万~4 000万元。这就是生产性服务业的神奇之处。

从史前到21世纪,人类总在不断攀登,试图推动生产力突破重重阻碍,获得新的质变。回望过去,每至生产力跃升之时,总是伴随着新兴生产要素的融合更替,总有新的劳动对象被重新定义,有更高效的生产工具被创造出来,劳动者的各项能力大幅提升。这一次次的变革,彻底改变了之前已成熟产业的内涵,使人类的生产方式继续经历"看山是山,看水是水""看山不是山,看水不是水""看山还是山,看水还是水"的哲学循环,也使人类的生产方式经历一个又一个台阶的跨越,认知方式一次又一次被打破。人类探索更先进、更高效生产方式的步伐永远在路上。

人类攀登的下一高峰会是什么,生产力的逻辑将如何进一步推动人类由必然王国向自由王国迈进,我们翘首期盼。

从有限供给到无限供给

当我们回溯历史，在人类不断攀登探索、不断追求美好生活的各个阶段，无论是传统农业，还是工业生产，抑或是现代服务，能够创造的产品和提供的服务并不能充分满足人类需要，这种现象的根源，是资源稀缺带来的供给有限性。

资源的稀缺性，是指相对于人类无限增长的需求而言，在一定时空范围内资源总是有限的，相对不足的资源与人类绝对增长的需求成为矛盾的焦点。

如果能够满足人类欲望的产品和服务像阳光、空气一样取之不尽、用之不竭，那么人类就不必世世代代苦苦执着于积累资本、土地、劳动力等生产要素了。毕竟，一亩土地全种水稻，就不得不舍弃小麦，鱼和熊掌不可兼得。

如何使稀缺的生产要素尽量满足无限需求？这就产生了"经济问题"。就好像资本追求更高的利得、土地寻求更高的地租、劳动力渴望更高的工资，通过以更高的效率配置资源，从而形成产业发展与优化升级的内驱动力。

可见，无论是农业、工业，还是服务业，要想实现产业的发展与繁荣,均需仰赖生产要素的投入与产出,正所谓"一分耕耘,一分收获"。

展望未来,会不会有一个产业能突破生产要素有限供给的天花板,像《圣经》中"鱼和面包的奇迹"那样,产生"一分耕耘,亿分收获"的效果?如果能,怎样才能实现"从一到亿"的裂变式增长与发展?

难以实现无限供给:生产要素总有极限

任何时代,经济的裂变式增长与跨越式发展,都得基于生产要素的积累与增加。

比如土地。15世纪末至17世纪,新航路被开辟,英国称霸海洋,对外贸易蓬勃发展,工场手工业空前繁荣,毛纺织业兴盛发达,羊毛价格不断上涨。为了在有限的土地上获取更多羊毛,工商资本开始加速圈地,集中土地兴办农牧场,想方设法摧毁小农经济,形成资本主义大农业。在此基础上,使用先进工具,完善排水系统,施用改进的肥料,种植优质牧草,提高了农牧业产量。

土地是农业社会最重要的生产要素之一。土地所有制的变革在一定程度上加快了英国原始资本的积累,为英国率先掀起工业革命攫取了第一桶金,进而为"日不落帝国"夯实了基础。

再如劳动力。劳动力作为重要的生产要素,对于经济快速增长，以及人民收入和生活水平的提高，都具有显著意义。改革开放后，中国承接世界范围内初级产品加工制造业的产业转移，凭借劳动力资源优势释放可观的"人口红利"，大力发展劳动密集型产业，迅速成为"世界工厂"，实现了前所未有的经济高速增长。但是，劳动力作为生产要素依旧受到有限供给的影响与制约，随着城镇化的快速推进及人口老龄化问题的加剧，我国劳动年龄人口增长速度减缓，部分行业、部分地区已经开始面临劳动力生产要素供给不足的问题。在这种情况下，若不能有效解决劳动力结构性失衡，加快产业结构转型升级，那么增长停滞、产业衰退将成为我们不得不面对的难题。

又如资本。众所周知，资本存在边际回报率递减的规律，即在资本投入达到一定规模后，每新投入一单位资本，带来的产出是逐渐减少的。凯恩斯提出的"流动性陷阱"正是这一规律的具体体现。流动性陷阱是指当一定时期的名义利率降低到不能再低，甚至接近于零的时候，货币的需求弹性就会变得无限大，即无论增加多少货币，都会被人们存储起来，无法促进有效需求，达不到刺激经济的目的，货币政策彻底失灵。因此，当利率已经降到极低水平时，即使依靠货币政策"大水漫灌"，也无法刺激经济。

可见，土地、劳动力、资本等生产要素的供给均有限，不能像空气、阳光一样无限供给。

在未来，资源稀缺持续存在，生产要素供给有限，经济增长的着力点又将在何处？约瑟夫·熊彼特认为，技术创新是生产要素得以重新排列组合的基础。理查德·坎蒂隆认为，企业家精神是产业兴盛与繁荣的重要因素。按照西方经济学的观点，这些因素都可以被界定为生产要素。

约瑟夫·熊彼特最早对技术创新与经济增长相结合做出了解释，探讨技术创新在经济增长过程中的作用。技术被西方经济学家认为是最重要的生产要素之一，也有人提出技术是实现产业更迭与衍生的重要基础。

"企业家"这一概念由法国经济学家理查德·坎蒂隆在1800年首次提出。西方经济学家认为，企业家精神是企业家组织建立和经营管理企业的综合才能的表述方式，是一种重要而特殊的无形生产要素。[1]企业家精神作为现代经济活动中重要的生产要素，能否打破有限供给的"噩梦"呢？无论是盛田昭夫、沃尔特·迪士尼，还是乔布斯，是否可以凭借个人的卓越才能就实现企业的永续发展？答案是否定的。生命的渺小与短暂，使企业家精神作为一种生产要素，仍然受造物主的束缚，难以实现无限供给。

综上所述，无论是土地、劳动力、资本，还是技术创新、企

---

[1] 锦州市社会主义学院课题组，岳玉利，于海曦，等.弘扬企业家精神，引领经济社会发展[J].辽宁省社会主义学院学报，2017（3）：83-90.

业家精神,都难以跳出供给的有限性。

如何实现无限供给:数据带来裂变式增长

支撑三次产业的土地、劳动力、资本等生产要素都是有限供给的,这些生产要素是存在竞争性和排他性的。简单来说,就是一定量的资本投资了 A 就难以投资 B,一亩土地今年被种上水稻就难以播种小麦。

这都是典型的有限供给,那什么才是无限供给呢?

简单来说,就是不受物理空间或实物存在形态的局限,可以零边际成本无限量提供。传统经济学中,由于规模经济的存在,边际成本在达到一定规模之前是递减的,呈下降趋势。然而,到了一定拐点后,边际成本不降反增。那么,到底是否存在一种生产要素,可以不受物理空间或者预算的约束,实现零成本的增长呢?

如今,零边际成本的无限供给初现端倪。

比如,当一家网络视频供应商开发出一个网络视听节目后,无论前期投入多大,后续每卖出一份会员服务,多付出的成本都趋近于零。电脑操作系统、办公软件、语音识别系统、智能导航等,几乎都可以做到零边际成本地进行供应。

这个时代以零边际成本的无限供给重新定义了产品。

这种在传统生产环境下看似不可能出现的产业现象,竟然逐步成为我们的生活日常。让我们抽丝剥茧，了解一下是什么神奇的魔法催生了这一奇妙现象？

没有什么魔法，只是一种新的生产要素——数据。

数据要素的广泛使用，改变了企业竞争的逻辑。

传统的企业发展靠供给增量，企业要想做大做强，无一例外，主要在供给端发力，要通过增加要素投入，加上企业家的精心运营，才能更高效地生产，进而获得收益。所以，传统企业的发展规模，归根结底是靠有效产能，也就是供给端决定的。茅台酒广受欢迎，但是每年的销售量总体稳定在5万吨左右的水平，主要原因就是产能跟不上。在传统经济环境中，产品销售量的上限受制于企业的产能，无论需求量有多大，用户数量有多少，价格被炒到多高，企业销售都不可能突破产能的天花板，无法做到想生产多少就生产多少。

然而，在新生产要素支撑的产业生态中，企业想做大，靠用户的增长就能带来海量的流量收益。因为这类企业，通过生产要素的无限复制供给，就可以达到这个目标。无论外部需求有多大，用户有多少，企业都可以照单全收。在这种情况下，供给端的作用主要体现在企业能否拥有吸引更多用户的优质服务和产品。因此，决定企业规模扩张的核心，从供给驱动转向了需求牵引，准确地说，从根本上取决于用户的数量。

延伸阅读

互联网公司为什么要"烧钱"?

现在的互联网公司好像非常不理性,比如拼多多推出"百亿补贴"使得苹果手机最新的价格比官网价低了1 000多元,比如2014—2015年的打车平台大战中,几大互联网出行平台争相补贴用户,打车几乎免费的体验让消费者不亦乐乎,几大平台公司动辄烧掉几十亿元。

看问题要看本质。它们烧钱,本质上还是以较低的获客成本在争夺用户,同时通过烧钱快速培养了用户移动支付、乘车等消费习惯,因此这些烧钱行为大大加速了业务的普及程度,本质上是花钱买时间和买用户。事实上,我们可以这样理解,以前消费者在衣食住行方面需要什么,商家就提供什么,这是非常简单的"生产-销售"一元模式。当今时代,消费者理念不断升级,消费兴趣多元多变,商家和消费者双向塑造和培养。产品以"创意"迭代"功能",在"新、奇、特、精"的基础上赋予品牌文化内涵,最大限度激发和调动消费热情,培养消费习惯。品牌发展的底层逻辑在发生深刻变化,生产者、消费者都能介入产品的全生命周期。

我们看看互联网卖咖啡、茶的方式。咖啡公司或者茶企同样采取烧钱补贴的模式，开设大量的便利店，通过在原茶、咖啡中加入鲜奶、鲜果等辅助食材，并以买一送一的方式，也就是白送一杯咖啡或茶的方式来获取用户，并且打造主题概念、联名概念或者健康概念，促成用户对于这个新式饮品的了解和依赖。从另外一个角度来看，这种模式让大量年轻人爱上了咖啡或者学会了品茶。以前属于中年成功人士的咖啡与茶，突然获得了新一代年轻人的宠爱，年轻人养成了对"新式茶饮"或者"冰椰咖啡"的依赖，这对于整个茶饮或者咖啡行业未来的发展意义重大。所以，对于一家卖咖啡的公司来说，一杯咖啡20元可能不够覆盖成本，但如果是为了推广一个新零售平台，这样的获客成本简直太低了。

拼多多推出百亿补贴，本质上是为了获得一、二线城市的用户。拼多多的用户基数主要来自三、四线城市，受限于人均可支配收入，这部分用户的花钱能力并不足；而通过百亿补贴，售卖苹果、戴森等拳头产品，就是希望建立起平台的高端形象，获取一、二线用户对平台的青睐。只要获得一个用户的成本低于这个用户能够为平台带来的价值，它就有

> 通过补贴的方式来获取用户的动力,这是一种经济的方式。
>
> 买家不如卖家精,在大部分时候,企业的烧钱行为都是经过理性计算的,只要花出来的钱可以形成效益,这种烧钱就是一种投资,就会形成资产,从而正向循环。许多精明的企业家正是通过"一直烧钱一直亏"这种看似很不理性的行为,让公司变得越来越值钱。

为方便阐释,我们姑且将传统产业的市场称作传统经济,将数据等新生产要素支撑的产业生态称作新经济。

在新经济和传统经济的环境中,用户的数量对于企业的意义,完全不能相提并论。传统经济学理论认为,只有销售增长带来的边际收入大于边际成本,企业才有动力扩大再生产。因此,传统经济下的企业会高度关注成本问题,不会为了扩大销售而无所不用其极。但是,对于无限供给产品的企业,由于边际成本为零,摆脱了边际成本的约束,即便每一个用户带来的收益很少很低,有时候数量也能弥补单位个体的不足,"海量的蚊子腿胜过大象",企业依然可以获得可观的利润。因此,扩大市场份额,获取更多的用户,是这类企业的关键目标。

换言之,传统经济企业要形成更大的规模效应,进一步扩大产能,需要在供给端发力,压缩单位产品成本。然而无限供给产品的企业，则要更多在需求端发力，通过获取更多用户实现扩张。

如前所述，传统经济中的消费，一般都伴随着消耗或折旧，消费的过程就是消耗的过程，消费也是竞争性的。一吨钢材如果用于修建写字楼，那么就无法再投入汽车的制造与生产；一栋房子用于家人自住，那么就无法同时出租为厂房或者商铺。

但是，在新经济形态中，这种看似合情合理的无可奈何却荡然无存。无限供给产品不仅没有消耗或折旧，而且可以实现一物多用，实现功能上的多元供给。例如，微信既是一种社交通信软件，同时也可以成为营销工具，还可以被当作互联网支付工具。

由此可见，新经济时代下的无限供给产品，可以一物多用。供应商改变了传统商业逻辑，不通过直接销售产品获得"一锤子"收益，而产品的衍生收入却成为更重要的收入来源。

说到这里，我们慢慢发现，在传统行业中很难看到一家企业能够实现几何级的爆发式增长，而进入互联网时代后，超级独角兽公司却层出不穷、频频涌现。拼多多2015年成立，到2018年7月就登陆美国资本市场。字节跳动2016年上线运营，仅仅用了几年时间，就成为在国际上拥有影响力的巨无霸企业。这种增长速度令人瞠目结舌，在此前的经济史、产业史、企业史上都绝无仅有。

延伸阅读

梅特卡夫定律

乔治·吉尔德在1993年分析网络技术和价值的关系时，提出了梅特卡夫定律（Metcalfe's law），而罗伯特·梅特卡夫是3Com创始人。该定律指出，互联网中某一网络的价值等于该网络内节点数的平方，并且网络价值与联网用户数量的平方成正比。该定律一定程度上反映了用户资源的价值创造能力，对互联网行业中广泛存在的"强者愈强，弱者愈弱"的马太效应具有较高的解释力，同时也从侧面反映出，网络平台用户越多，规模越大，流量、储存的信息越多，网络价值就越大。

经济规律不会一直不变：无限供给产生

在资源稀缺的条件下，通过价格调节实现供需均衡，一直是传统经济学的经典理论，用投入和产出所刻画的生产函数，对于调节稳定农业、工业、服务业的生产和消费等经济活动的效果是积极的。当产品与服务供过于求时，就会出现产品积压、服务滞销等情况，企业就会通过减产或降价等方式来促销，减少库存带来的成本占用；但是，当产品与服务供不应求时，企业发现有利可图，则会增加生产要素投入，通过扩大产能或者提高价格等方式赚取更多经济收益。这样多次来回往复，最后形成一个稳态，就是经济学中的均衡状态。

但是，对于新经济形态，生产一件数据产品虽然需要投入大量的人力、财力、物力资源，可一旦生产出来，增加供应则几乎不再需要新增成本。因此，无限供给的产品理论上是不会短缺的，用精准可控的供应匹配需求，因为无论市场需求有多大，企业都可以以零边际成本进行供应。传统经济中的产能过剩、库存积压等都不再是难以解决的问题。

这样一来，传统经济理论中的市场供需特征和规律，在新经济环境中，正在悄然发生改变。

当然，随之改变的还有市场格局。

传统经济中，每个市场主体的供给能力都是有限的，因此，即使是同质化的产品，也需要多个市场主体共同供给，才能够满足市场需求。而在新经济环境下，单一市场主体无限供给某一类产品，能够满足市场全部需求，同时具备零边际成本。因此，这类市场主体没有边际成本的限制，更有能力去追求规模扩张，甚至市场垄断。

传统经济学将市场划分为垄断、寡头、完全竞争几种市场结构。

完全竞争市场表现为数量众多的市场主体完全提供相同的产品和服务，每一家企业都只占有相对较小的一部分市场份额。

垄断市场则是另外一个极端，一家企业占有市场的全部份额，这家企业不仅可以控制市场的供给数量，还可以控制价格。

寡头市场则处于两者之间，是少数几个企业占有了绝大多数的市场份额。例如，全球铁矿石四巨头——巴西淡水河谷、澳大利亚必和必拓、英国力拓、澳大利亚FMG几乎把持了全球高品质铁矿的开发、生产和销售。

从实际情况来看，无限供给产品往往容易造成寡头或垄断的市场格局。例如2011年我国发生了"千团大战"，经过惨烈的竞争，目前只剩下美团等少量企业称霸外卖团购市场。类似的网约车市场也仅剩我们耳熟能详的少数巨头。

新经济不是请客吃饭，并不是光靠喜气洋洋、敲锣打鼓就能实现的。新经济的赛道十分曲折，竞争也十分惨烈，往往是一将功成万骨枯。唯有创新，走差异化道路，实现弯道超车，才是获胜的法宝。而这种创新，必须颠覆传统思维、传统概念、传统路径，必须充分利用新的生产要素，突破既有的商业模式框架。

延伸阅读

双边网络效应

网络效应与规模效应相仿,即网络规模扩大,一些消费者更倾向于加入网络,从而产生为消费者带来直接价值、增加用户规模等效用。单边网络效应指的是网络中某个用户从一种产品或服务中获得的价值受到其他使用相同或者相似产品的同性质用户规模的影响。与单边网络效应对应的双边网络效应则重在表明一边用户规模变化与其他边用户接入平台的意愿或影响效用呈正相关。也就是说,产品效用对新进用户规模的提升也会带来老用户所得效用的提升。一个消费者在电商平台购物可以获得商品价值,更多的消费者在追求时髦心理的影响下会随众涌入网络,这将提高产品用户的数量和个体收益,进而吸引更多用户进来。又比如,对于打车这个双边市场而言,乘客的用户价值取决于司机的多少(司机越多,乘客等待时间越短),司机的价值取决于乘客的多少(乘客越多,司机空驶越少),二者是互相加强的关系。基于此,双边网络效应正反馈会导致强者愈强,最终导致寡头垄断或者"赢者通吃"。

在无数个微观主体一起改变行为逻辑的情况下，产业规律、经济规律也将随之改变。新经济孕育出的新产业形态，还将属于传统的农业、工业或服务业吗？现有的产业划分理论还能正确地描述新经济吗？这要打上一个大大的问号。

从旧生产力到新生产力

新生产力是人类永恒的追求

生产力一词由法国重农学派创始人魁奈在 18 世纪中期最先提出。生产力是人类创造财富和改造自然的客观物质力量，是一个时代发展水平的集中体现，反映了人类改造自然的深度和广度，是衡量经济发展阶段和社会发展水平的客观标志。

回望过去，在农业社会，人类通过繁重的体力劳动对土地资源进行有限开发，用以解决生存和温饱问题。进入工业社会，机器的出现则把劳动者从繁重的体力劳动中解放出来。信息技术革命带来了智能工具的大规模普及，使得人类认识和改造世界的能力和水平达到了一个新的历史高度。人类可以用更少的劳动时间，创造更多的物质财富。

如果我们大胆地站在未来的视角来审视今天的我们，此时农业社会、工业社会、信息技术革命所取得的重大进步，相比于我们即将经历的，或许都还不值得一提。迎接这一未来，关键就在于找准新的生产力。更具体地说，要找到新的劳动者、新的生产工具以及新的劳动对象。

延伸阅读

> 我们要通过深化改革，让一切劳动、知识、技术、管理、资本等要素的活力竞相迸发，让一切创造社会财富的源泉充分涌流。
>
> ——摘自习近平在党的十八届三中全会
> 第二次全体会议上的讲话
>
> （《人民日报》2014年1月1日02版）
>
> 我们将依托超大规模市场优势和完备产业体系，加速科技成果向现实生产力转化，打造科技、教育、产业、金融紧密融合的创新体系，不断提升产业链水平，为中国经济长远发展提供有力支撑。
>
> ——摘自习近平在亚太经合组织
> 工商领导人对话会上的主旨演讲
>
> （《人民日报》2020年11月20日02版）

低代码革命：新生产力初现端倪

当前，大量体力和脑力的重复性劳动正在被机器和人工智能替代，新的生产者正在成为现实，人类可以用更少的劳动时间，创造更多的物质财富。牛津大学调查了美国 702 种工作,并分析了未来 10~20 年它们被机器取代的可能性,其中 47% 的员工肯定会被替代,19% 的员工有可能被替代。当电子商务、工业互联网、分享经济平台、移动 OS 开发平台大幅降低创业创新门槛,"低代码革命"来临时,人类必须更加专注于创新性工作。

延伸阅读

"低代码革命"悄然而至

数字化程度提升带来越来越多的业务需求,高德纳咨询公司(Gartner Group)预计,2021 年对应用开发的需求将达到所有 IT(信息技术)公司开发能力的 5 倍,"低代码技术"成为弥合供需缺口的一条路径。2014 年弗雷斯特市场咨询公司(Forrester)正式提出低代码开发概念。作为一个轻量易用可复制的开发方式,它可以让企业通过"拖拉拽"的动作快速开发应用程序,减少对 IT 人员的依赖,实现降本增效。低代码开发平台出现后,如国内的简道云、明道云、氚云、钉钉宜搭、轻流、易鲸云,国外的 Mendix、OutSystems 等,没有编程和技术基础的非专业开发人员通过图形界面的简单拖拽和配置便可以完成应用的开发。

施耐德电气与低代码公司 OutSystems 合作，20 个月内推出了 60 款应用，加速了开发进程。软件工程师在敲代码时花费大量时间与需求方反复确认需求、更新代码的软件开发方式，已经成为历史。在低代码公司的助力下，软件工程师实现了快速、准确、动态地捕捉、感应客户需求点，不仅降低了编程和开发的复杂度，缩短了应用开发的时间，节约了开发时间成本和财务成本，而且将更多精力用于深度思考业务需求，将能力转化为服务，推进组织和业务的数字化转型，促进产品和服务的创新。

这种小步快跑、迅速迭代造成巨大的能力转移，推进"软件即服务"（SaaS）向"服务即服务"（SaaS 2.0）转变，不啻一种成本和组织的革命，企业数字化的过程也会发生根本性变革。

未来，生产力的大发展和物质的极大丰富将把我们带到一个新的社会，无人矿山、无人工厂、无人零售、无人驾驶、无人餐厅很有可能无处不在，人类将不再为基本的衣食住行所困扰，越来越多的产业工人、脑力劳动者将成为知识创造者，人们将有更多的时间和精力用于满足自己的好奇心，也具备各种条件和手段来实现这一点。

从生产力的视角看,人类将成为通才。借助于人工智能、大数据、云计算、机器人等新工具,人类可以干很多在今天看来难以企及的事,并不是因为事情本身变容易了,抑或人类自身的能力提升了,更多的原因是,"低代码革命"带来的新工具将复杂的事情简单化,让人人都能控制程序、操控节奏、实现结果。到那时,生产和生活的边界将变得模糊,也许只需要轻轻按下某一个键,不仅梦幻般的事情可以实现,而且人们"玩着就把事情办了",玩后收入、睡后收入成为再正常不过的事。

算力:更前沿的生产工具

人类社会发展过程就是不断使用新的劳动工具来弥补人类自身局限的过程。其中劳动工具是每个时代最显著的进步标志,在不同的历史时期,人类社会通过使用不同功能的工具来扩展和增强人类自身的功能。

每个社会形态都有自己独特的生产工具。

农业社会最重要的生产工具是各种简单的用以开垦土地的手工工具,以及捕捞打猎的简单工具,这些工具只在一定程度上弥补人类自身局限,是人身体局部功能的有限延伸,是对人类体力劳动的有限缓解。工业社会最重要的生产工具是能量转换工具,机器代替手工工具,生产效率十倍、百倍地提高。

从原始社会到工业社会，人类的生产工具都是有形的，工具和人的结合缓解了人类体力劳动的艰辛，加快了人类从必然王国迈向自由王国的进程，创造了灿烂的农业文明、工业文明。

要实现更高维的突破，必然需要一种新的工具。这次的答案是算力。

然而要推动数字产业的高水平发展，首先要确保拥有处理巨量数据的能力。随着数据被列入生产要素，算力对生产力的作用日益凸显。根据 IDC（国际数据公司）发布的《2020 全球计算力指数评估报告》，一国的算力指数每提高 1 个百分点，数字经济和 GDP 将分别增长 3.3‰ 和 1.8‰。

数字经济对算力的需求日益增大，加之新基建的东风，作为算力基础设施的数据中心、超算中心、智能计算中心也迈入加速发展阶段。工信部数据显示，截至 2020 年底，我国在用的数据中心机架超过 400 万架，年均增速超 30%。

算力指的是对数据的处理能力，算力之于数据，就好像纺织机之于羊毛、钻井机之于石油。算力广泛存在于各种智能设备中，看不见，摸不着，但是没有算力，这些设备就是一堆没有灵魂的空壳。算力越强，对生产力的影响越深刻。比如，电影《阿凡达》的后期渲染使用超级计算机只用了一年时间，而如果使用普通电脑的话，需要一万年。这和运用大机器生产后，纺织厂的生产效率提高简直有异曲同工之妙。

"算力"突飞猛进的同时,市场认知却严重滞后。大多数人仍然对算力相关的概念比较陌生:算力如何衡量?不同算力等级间有何区别?算力与应用场景如何匹配?

曾经,人们对算力的理解局限于数学计算。直到美国数学家、信息论的创始人克劳德·香农意识到开关电路与逻辑运算之间具有相似性,并在论文中展示了如何利用电子电路来实现逻辑运算后,计算的对象不再只是纯粹的数字,也可以包含逻辑、机理了。

"计算机之父"阿兰·图灵则让数据的计算技术实现了日新月异的发展,他所提出的"图灵机"模型则成为人类历史上第一台计算机的理论基石。图灵将人类的计算过程抽象为一系列规则,希望用机器模拟人类的计算过程。随着信息技术的发展,图像、音频、视频借助信息编码技术,也开始可以被计算。不知不觉,计算已变得无处不在,机器学习初现雏形。

延伸阅读

量子计算机"九章"到底有多神?

2020年12月4日,中国科学技术大学宣布该校潘建伟等人成功构建76个光子的量子计算原型机"九章"。"九章"的计算速度比谷歌 2019 年发布的 53 个超导比特量子计算机原型机"悬铃木"快 100 亿倍。它处理"高斯玻色取样"的速度比目前最快的超级计算机"富岳"快 100 万亿倍。也就是说，超级计算机需要一亿年完成的任务，"九章"只需一分钟。

什么是高斯玻色取样？简单地说，玻色取样是用来展示量子计算优越性的特定任务中的一项，大致可以理解为，一个光路有很多个出口，问每一个出口有多少光出去。由于量子力学赋予了光子很多匪夷所思的性质，使得光子的不同路径不但可以相互叠加，也可以相互抵消，具体结果视情况而定，非常复杂。在面对这样的难题时，玻色取样装置就有了用武之地。由于它像计算机一样，能够在较高的精度上解决特定的数学问题，同时又应用了光子的量子力学特性，所以可以称作一种"光量子计算机"。

"九章"量子计算原型机确立了我国在国际量子计算研究中的第一方阵地位，为未来实现规模化量子模拟机奠定了技术基础。随着计算能力的进一步提升，量子计算机将有望在密码破译、材料设计、药物分析等具有实用价值的领域发挥重要作用。

算力曾经是一种稀缺资源，只有少数企业才能拥有，而现在算力已经成为普通人生活中不可缺少的一部分，成为一种常态，是一种自然而然的存在。特别是在人工智能（5G+AI）技术的赋能下，许多前所未有的对象、场景和应用，开始被感知、被连接、被计算。进行计算的场所，不再局限于一个个"端"，也未必集中到一朵朵"云"，而是云边端的全场景协同，计算不再是面向单独的个体，早已是"万物皆数、万事可算"。

人类文明即将进入的，是一个异构计算、协同计算、高性能计算、泛在计算同时并存的多样性计算新时代。从这个意义上来说，算力已经成为我们这个社会中势不可挡的新生产工具了，并且还在持续迭代升级。

数据：更高维的劳动对象

在人类社会的每一个发展阶段，劳动的对象都在不断扩展，从而产生对时代、对社会发展最有影响的核心资源。一个国家或地区经济社会发展的水平、阶段、特征和趋势，往往取决于一个国家或地区对核心资源的获取、占有、控制、分配和使用能力。

在农业社会，土地是核心资源，是人类社会生产和再生产的最重要的资源，包括粮食种植用地、畜牧用地、森林用地等。人类的生存和发展主要依赖于土地的产出。人类社会对土地开发利用能力的高低，也直接体现一个国家或地区社会的发展水平。土地成为一个国家、地区和居民最重要的财富，对土地的争夺和占有也成为国家、地区、居民各种社会矛盾最集中的体现。

从农业社会步入工业社会，能源和矿产资源上升成为最核心的资源。随着社会分工进一步细化，劳动对象不断货币化和资本化，资本也成为工业社会的重要生产要素。

到今天，随着新经济的发展，新经济所依托的核心资源——数据成了新的劳动对象，它与之前的各类资源完全不同。

那么，什么是数据？具体来看，狭义地说，数据专指数字类信息，这是我们对数据这一概念最本能和最原始的反应。比如，《汉语大辞典》中对数据的定义是科学实验、检验、统计所获得的和用于科学研究、技术设计、查证、决策等的数值。广义地说，数据指的是数字化的信息，即网络空间以二进制代码存在的所有信息，或者指所有能输入计算机并被计算机程序处理的符号介质的总称，是用于输入电子计算机进行处理，具有一定意义的数字、字母、符号和模拟量等的统称。本书后文所提数据主要是指广义的数据。

进入 21 世纪以后，数据对个人行为、企业决策、产业升级以及经济增长的影响与日俱增。《经济学人》2017 年 5 月的封面文章大胆预言："数据是新的'石油'，是当今世界最宝贵，同时也最需要加强监管的资源。"现如今，数据已经出现在经济社会的各个角落，大量的数据被生成、记录与整理。大数据技术和人工智能技术的发展使得对于数据的使用贯穿于整个社会生产过程。

强调数据所发挥作用的数字经济（digital economy）已经逐渐形成。2017年12月8日，习近平在主持中共中央政治局就实施国家大数据战略进行的第二次集体学习时指出："要构建以数据为关键要素的数字经济。建设现代化经济体系离不开大数据发展和应用。"（《人民日报》2017年12月10日01版）数据的生产要素地位得到进一步明确。

数据与传统生产要素相比有三个不同点。

一是数据要素的经济特征不同。数据要素是一种存在于互联网空间中的资源，虚拟性是数据与其他传统生产要素的最主要差异，也是其主要特点。在经济层面，数据还具有非竞争性、规模报酬递增、正外部性等不同特征。

一个使用者对某种物品的消费并不减少它对其他使用者的供应，称为非竞争性。从土地到劳动力，再到资本，生产要素呈现出竞争性逐步减弱的趋势，而通用性和共享性逐渐增强。数据一旦生成，可以以极低的成本进行复制、加工，边际成本趋于零，数据也因此具有非竞争性。由于非竞争性的存在，任何数量的企业、个人或机器都可以使用同一组数据，而又不会减少其他人的利用加工，这就决定了数据的高利用效率与巨大潜在价值。

规模报酬递增是指数据规模越大、维度越多，其包含的信息密度越高，价值也越高。因而，不同主体对数据的利用、交流和共享非但不会降低数据的价值，反而推动数据要素所能创造的价值、获得的收益呈几何级增长。如果数据被经济体方方面面充分利用，那么数据规模扩大带来的经济价值就将更为可观。

部分的、孤立的数据蕴含的价值很低，相同数据在不同数据分析技术或应用场景下的价值可能存在极大差异。数据应用于特定场景时，带来的价值和收益可能是巨大的。通过不断开拓新的使用维度或场景，数据价值将被层层放大，具有很强的正外部性。比如，雅虎搜索引擎利用用户搜索数据分析，显著改进了引擎的搜索质量；再如，电商平台记录的初始交易信息被应用到物流、金融服务等领域，可以为其创造额外的利润；又如，IBM等科技企业，能在几天内完成"分析数据—发现漏洞—解决问题"的全处理过程，从而有效地优化产品维修和养护服务，提高客户满意度。

二是创造价值的逻辑不同。人类社会从工业化向数字化过渡，虚拟空间和现实世界相互对应，虚拟空间的存在加快了信息、数据的共享与传播，虚拟与实体的有机结合进一步扩大了市场边界。在当前的技术条件下，数据在大多数时候是存在于信息与通信技术（ICT）产品中，数据虚拟性的存在就意味着数据必须以其他生产要素作为载体才能发挥作用。数据生产力创造价值的基本逻辑，是以算法、算力推进隐性知识的显性化，通过数据的流动、复制、集成、加工、创造等程序，把信息转变为知识，把知识转变为决策，从而产生价值。数据要素的价值不在于数据本身，而在于数据要素与其他要素融合创造的价值。数据要素具有更强的通用性、渗透性，可广泛用于社会经济各个领域，与传统生产要素深度融合甚至取代传统生产要素，成为促进经济发展的关键。

三是创造价值的模式不同。当今时代，数据只有根植于算法才能创造价值，具体有三种模式。

第一，倍增效应。当年原始人发现削尖的石器能够帮助其更好地采集和捕猎，石器和人发生了叠加，导致了生产力的跃进，让人类更好地与大自然斗争。数据要素正是我们这个时代里"削尖的石头"，可提高单一要素的生产效率，为劳动、资本、科技、知识、制度等要素充分赋能，实现单一要素的价值倍增。

第二，资源优化。数据要素不仅带来了劳动、资本、土地、技术等单一要素的叠加效应，更重要的是提高了劳动、资本、技术、土地这些传统要素的资源配置效率。数据不能直接生产馒头，不能直接生产汽车，也不能直接生产房子，但是数据可以低成本、低延时、高效率、高质量、多方式、多花样地生产馒头、汽车、房子，高效率地提供公共服务。数据要素推动传统生产要素的高效配置和耦合，成为驱动经济持续增长的关键因素。这正是数据要素真正的价值所在。

第三，激发创新。数据不仅可以优化存量资源的配置效率，而且可以激活要素提高产品、商业模式的创新能力，以及个体及组织的创新活力。数据要素可以用更少的物质资源创造更多的物质财富，会对传统的生产要素产生替代效应。电子商务减少了传统商业基础设施的大规模投入,"最多跑一次"政务改革减少了人力和资源的消耗,数据要素用更少的投入创造了更高的价值。

新生产力已来?

在生产力的不断发展中,人类从事生产活动主要依赖的要素资源都在不断发生着变化,人类的经济活动也变得更加复杂多元。面对这些,我们不能只被动地适应,而需要积极求索。站在未来的视角,这个伟大的时代正在孕育新的生产工具、新的生产要素。深化认知、拿出勇气和提升能力,做好迎接未来世界的准备,显得尤为重要。

2010年后,世界各主要经济体开始将数据相关技术与产业的发展问题上升到国家战略层面。一国拥有的数据规模与数据分析处理能力,已经成为国家竞争力的重要组成部分。2012年3月29日,美国政府宣布投资2亿美元启动"大数据研究和发展计划",以应对大数据革命带来的机遇,推进相关研究机构进一步进行科学发现、创新研究和商业转化。2019年12月,美国政府发布《联邦数据战略与2020年行动计划》,明确将数据作为一种战略性资源进行开发。2020年2月19日,欧盟委员会公布了一系列围绕数据资源的发展规划,包括《欧洲数据战略白皮书》《人工智能白皮书》等多份文件,详细概述了欧盟未来五年实现数据经济所需的政策措施和投资策略,以及构建一个真正的欧洲数据统一市场的发展目标。

在我国，随着近年来数字经济的高速发展，尤其是社会生产过程的广泛网络化、数字化与智能化，数据作为一种生产要素所发挥的作用在社会经济中也已经充分凸显。

我们思考未来，也需要厘清过去。农业、工业、服务业，这些都是人类发展史上具有里程碑意义的产业符号。让我们从宏大叙事的方式转入产业分类的微观视角，重新审视过去的经济社会发展历史，以更好地把握未来发展的方向。

第一章　源起：美好生活的上下求索

本章小结

　　本章告诉我们"数据要素带来新生产力"。我们回望历史，发现资本、技术、企业家才能、劳动者素质等一个个生产要素出现并融入生产生活，带来了经济的裂变式增长与跨越式发展，但并没有真正突破资源稀缺带来供给有限性的象限。数据要素的加入和广泛使用，让我们看到了打破既有框架、改变经济规律的希望，特别是通过"低代码革命"，我们发现数据创造新生产力初显端倪并具备无限可能。在这一新经济中，算力成为更前沿的生产工具，数据成为新的劳动对象和生产要素。数据在与劳动、资本、科技等要素融合的基础上，依托算法、算力，通过流动、复制、集成、加工、创造等程序，成为燃料、能量，成为思想、判断，成为决策、路径，提高了不同要素间的资源配置效率，激发了创新思维、创新能力、创新活力，从而实现价值。

第二章

序 幕

第四产业的"前奏曲"

任何产业都不是从天而降的"飞来峰",它的产生和进化都植根于一国的资源禀赋、要素条件和制度环境,离不开人类祖祖辈辈的长期奋斗和探索。要实现产业迭代升级,必须要回望过去走过的路,用历史映照现实、远观未来。从历史来看,农业的发展为工业化奠定了基础,工业的繁荣为服务业发展打开了广阔空间,农业、工业和服务业都为第四产业的应运而生奏响了"前奏曲"。

配第、克拉克、库兹涅茨等经济学家绘制了三次产业划分的产业地图,揭示了产业发展的规律。但随着数据要素成为新的生产要素,三次产业划分理论逐渐成为明日黄花,难以解释新的模式、规则和国际产业格局,旧的产业地图对世界发展潮流的指引作用变得不再可靠和清晰。因此,为了探索第四产业的"新大陆",人类需要一份新的产业地图来引领未来发展的航程。

三次产业划分的演进：从配第到库兹涅茨

如今，我们早已对农业、工业、服务业的内涵了然于胸，基于这三个概念构建的产业分析理论框架已经成为经济学的入门知识。但是，农业、工业、服务业这三个概念究竟从何而来，是谁将纷繁复杂的事实进行了系统的分析梳理，弄清了它们之间的内在逻辑，形成了如今我们认识经济现象的知识底色？这就要从三位经济学家配第、克拉克和库兹涅茨说起了。

配第：产业划分先河

"十分轻浮的外科军医""轻浮的、掠夺成性的、毫无气节的冒险家"，马克思曾这样评论一个人，由此可见他对其人品的质疑与憎恶。即便如此，对于此人的学术思想，马克思仍然给予了极高的评价，称他为"现代政治经济学的创始者""最有天赋和最有创见的经济研究家""政治经济学之父"。溢美之词和质疑憎恶的反差，再次激起我们无穷的好奇，让我们渴望从学术的角度重新认识这位英国古典经济学之父、统计学的开山鼻祖——威

第二章 序幕：第四产业的"前奏曲"

廉·配第[①]。

17世纪的英国，经历了新航路的开辟，凭借得天独厚的地理优势，羊毛出口和毛纺织业兴旺发达，并开始了著名的"圈地运动"，迫使大批失地农民成为雇佣劳动力，"新兴贵族"资产阶级登上了历史舞台。可以说，配第的青少年成长时期，就是伴随着资产阶级逐渐壮大的过程。1640年，英国爆发资产阶级革命。配第积极著书立说，为英国统治殖民地、夺取世界霸权寻找理论依据，他正是从这时开始研究经济学问题的。

由于配第博学多才，拥护英国资产阶级革命，很快受到克伦威尔政府的重视。当然，最主要还是因为他名声在外的医生名号。1652年，配第被聘为爱尔兰驻军医官，随后又任爱尔兰总督（克伦威尔第四子）的私人秘书。

1658年独立派领袖克伦威尔因为疟疾去世，其子接替上位，但是才疏学浅的他很快就被推翻，四处流亡。眼看克伦威尔政府大势已去，1659年，配第引退，移居伦敦，重新开始经济学人的生活。1662年，配第和一些著名科学家一起创立了英国皇家学会，于同年发表了《赋税论》，并于1673年被选为学会副会长。1672年，配第完成了《政治算术》的撰写。由于水手、医生、土地测量总监等丰富的经历和手工作坊家庭背景，配第对产业非

[①] 李善明，周成启，赵崇龄. 外国经济学家辞典[M]. 深圳：海天出版社，1993.

常敏感，对政治与经济的结合提出了跨时代的理论。根据统计资料，他分析了荷兰、法国及英国的产业，说明地理位置、国家产业政策、海运等因素是造成经济增长差异的根源。当时经济增长最快的荷兰，就凭借优越的地理位置，选择优先推动航海运输的发展，以进出口贸易带动了国内其他产业的繁荣，并促进了国家内部工业发展及国家外部的配套分工。荷兰人将利润较低的产业转移给丹麦人和波兰人，他们自己主要从事利润较高的航运，由于航运业的快速发展和分工深化，形成规模效应，成本持续降低，效益不断提升，经济得以快速增长。配第根据这一现象，得出了如下结论："随着经济增长过程的演进，人力资源（尤其是农业劳动力）将向优势产业转移；而人力资源的充分利用将加速经济增长。"他同时做出判断：在经济增长过程中，为了利益最大化，劳动力将会从"穷困而艰辛的农业转移至更加有利的手工业及其他产业"，反言之，"随着各种产业和新奇技艺的增加，农业便趋向衰退"。

《政治算术》的问世，标志着人类开始以翔实的调查数据和数量方法研究产业划分问题，开启了产业发展与经济发展的讨论，成为产业地图划分的开端。

延伸阅读

威廉·配第的经济学研究和《赋税论》

配第作为英国的代表,和法国的布阿吉尔贝尔都被认为是在重商主义之后,将理论分析从流通领域转向生产领域,推动现代经济科学诞生的重要人物。他们的学说问世,也标志着资产阶级古典政治经济学的产生。正因为有如此深刻的探索和卓越的贡献,配第也被称为"英国古典政治经济学之父"。

配第著作颇丰,最著名的有《赋税论》《献给英明人士》《爱尔兰的政治解剖》《政治算术》《货币略论》等。其中的《赋税论》全名为《关于税收与捐献的论文》,是以上著作中最早出版、最有名气的专著,奠定了配第在西方财政学史和政治经济学史上的地位。

在《赋税论》中,配第首次提出了以"劳动决定价值"为核心思想的价值论。他认为,劳动是创造价值的根本原动力,这一动力受到土地等自然资源禀赋的限制。商品的价格是商品中劳动力的体现形式,商品交换也是根据蕴含劳动力的大小而进行的。

> 受时代背景制约，土地作为当时最主要的劳动对象，被配第认为承载了全部的剩余价值，以地租的形式体现。配第认为，地租就是产品价值除去生产资料价值（即种子）和劳动力价值（即工资）之后的余额，即全部剩余价值。
>
> 同时，利息是地租派生的财富，是将土地这一要素货币化的体现。他认为，既然租地可以获得收入，那么土地货币化后出借货币也应有所收益，且利息的高低要与地租的高低正相关。而地租的高低，必须随着地理位置、资源禀赋等条件的变化而变化，这也是配第提出级差地租的基础。

克拉克：产业分类奠基

除了配第，说到产业划分的重要基础理论，就不得不提及另一位主角——科林·克拉克。克拉克 1905 年出生于伦敦，1938—1953 年担任昆士兰工业局负责人和政府统计员，在这期间，他深入研究统计学理论，并创作了《经济进步的条件》一书。

这本产业经济学重量级著作对三次产业做了详细的划分，并总结了伴随经济发展的产业结构演进规律，从而开创了产业结构理论。克拉克把区域的全部经济活动划分为三个产业，这一思想被各国经济界普遍接受并沿用至今，成为国家和地区产业统计的基础。

在他的著作中，第一产业指的是直接取自自然界的自然物生产，包括广义的农业和矿业；第二产业是指对自然物进行加工的生产，包括广义的工业和建筑业；第三产业是指服务并繁衍于有形物质生产之上的无形财富生产，包含除第一、第二产业外的所有经济活动，提供服务是其主要特征。

克拉克把所有的社会经济活动形象地比喻成生长的大树，他认为：第一产业是树根，提供基础和营养，保障整棵大树的存活；第二产业是树干，作为骨干支撑大树；第三产业则是树叶，一定程度体现了大树的生命力和繁荣度。在产业发展规律方面，他继承和发展了配第的思想，认为随着经济发展和人均国民收入水平的提高，劳动力首先由第一产业向第二产业转移，然后再向第三产业转移，这一理论被称为配第-克拉克定理。

配第-克拉克定理的背后有两个重要机制。一是收入弹性差异机制。克拉克认为第一产业主要包括农业，而农产品的需求特性是当人们的收入水平达到一定程度后，它难以随着人们收入增加的程度而同步增加，即它的收入弹性出现下降，并小于第二产业、第三产业所提供的工业产品及服务的收入弹性。所以，随着经济的发展，国民收入和劳动力分布将从第一产业转移至第二、第三产业。二是投资报酬差异。第一产业和第二产业之间，技术进步有很大差别，由于农业的生产周期长，试错和技术迭代周期也相应较长，农业生产技术的进步比工业要困难得多。因此，对农业的投资会更容易出现"报酬递减"的情况。而工业的技术进步要比农业迅速得多，随着工业投资的增加，产量的加大，单位成本下降的潜力很大，报酬增长空间更为广阔。[1]

配第-克拉克定理不仅可以从一个国家经济发展的时间序列分析中得到印证，而且还可以从不同发展水平的国家，在同一时点上的横断面比较中得到类似的验证。即人均国民收入越低的国家，农业劳动力所占份额相对越大，第二、三产业劳动力所占份额相对越小；反之，人均国民收入越高的国家，农业劳动力在全部就业劳动力中的份额相对越小，而第二、三产业的劳动力所占份额相对越大。这一定理已成为绘制产业地图，判断产业结构特征最重要的准绳之一。

延伸阅读

科林·克拉克看待人口与经济

克拉克是英国著名的经济学家，早年间，英国深受马尔

---

[1] 科林·克拉克.经济进步的条件[M].北京：中国人民大学出版社，2020.

> 萨斯理论影响，大部分学者认同这一理论，认为人口增长的速度一定远超于粮食和其他产品增长的速度，所以人类必须对人口进行有意识的控制。
>
> 但是克拉克经过研究却认为，地球乃至整个宇宙，可以容纳人口的任何增长，所以并没有必要去控制人口。而且恰恰相反，密集并不断增长的人口是一个国家和民族强大的重要因素。
>
> 在人口与经济研究中，克拉克沿袭了重商主义人口推动经济发展的思想，认为人口会对一个国家和民族的经济产生有益作用。当然，这与他对产业的认识也相统一。

库兹涅茨：理论实证结合

相较于克拉克，库兹涅茨显然更幸运。二战后美国经济、政治、军事实力全面跃升为世界第一，彻底替代英国成为资本主义阵营的核心，美籍学者库兹涅茨的研究更具比较优势，他获得了1971年诺贝尔经济学奖。

1901年库兹涅茨出生在沙皇统治下的俄罗斯帝国。随着十月革命的枪响，俄罗斯及周边地区逐渐进入苏维埃时代，此时库兹涅茨进入列宁格勒大学攻读政治经济学。相较于配第和克拉克，库兹涅茨从起步就聚焦于经济领域，学术履历更为专一。

1920年库兹涅茨只身前往美国纽约，进入哥伦比亚大学经济学院插班学习，1923年获得了经济学和数学的双学位。但他并不满足，继续考入哥伦比亚大学研究生院，仅用一年时间就获得了硕士学位。他凭借优异的成绩、刻苦的精神，得到了美国制度经济学派创始人米切尔的赏识，米切尔将他招入门下并亲自指导。这次重要的机遇产生了一系列影响，其中最关键的就是使库兹涅茨专注于制度经济学的研究。

库兹涅茨非常注重实证研究，认为具体而真实的数据最具有说服力，最能反映问题的本质。二战前，库兹涅茨通过研究与工作积累了大量的数据，丰富了自己对于全球主要资本主义国家的认识。他抓住在美国经济研究所、宾夕法尼亚大学等地的工作机会，收集了主要国家工农业产品价格等数据，创作了《生产和价格的长期运动》《工业和贸易的季节性波动》《商品流量与资本形成》《1919—1938年国民收入与债务支出》《国民收入及其构成》等著作。

第二次世界大战期间，库兹涅茨被美国政府任命为华盛顿战时生产局计划统计处副处长。

延伸阅读

西蒙·史密斯·库兹涅茨的东方之行

第二次世界大战后，美国经济学家库兹涅茨被派往中国担任国民政府资源委员会顾问。1946年起，他游历了中国的大中城市和农村，走访了许多银行、企业、公司、钱庄及交易所，了解中国的政治、经济，考察发达国家的经济渗透，以及其给不发达国家和地区在经济增长方面带来的影响。

1950年，他被派往印度，任印度国民收入机构总局顾问。库兹涅茨两次共计8年的东方之行，使他目睹贫穷落后国家的经济状况，深知帝国主义国家对半殖民地经济侵略的后果，这为他研究经济增长史积累了丰富的材料。

库兹涅茨用国民收入的概念和计量方法研究各国经济增长，形成现代西方经济增长理论的一个重要分支，曾先后发表《关于经济增长的六篇演讲》《现代经济增长》《各国的经济增长》等一系列研究经济增长的著作。

对于经济增长与产业结构，库兹涅茨沿用并改造了克拉克的分类，将其分为了农业部门、工业部门和服务业部门，这一分类方法被称为"AIS分类法"，与我国的产业分类更为类似。通过大量数据的实证研究，他发现产值上农业部门比重趋于下降，工业部门的比重趋于上升，服务业部门则没有明显变化，劳动力则向工业和服务业流动，且服务业部门就业人数的增长大于产值的增长。

同时，他发现产业结构的变化是由科技进步引起的，在经济发展的不同阶段，部分部门会率先应用新的科学技术，成为科技研发高地，导致生产率上升和成本降低，进而实现产业结构变化，并推动城市化进展创造新的需求，反馈并引领科技方向的变化。另一方面，新的需求、新的技术也会创造新的产业部门。

对于欠发达国家，其经济停滞的主要原因，则是农业部门束缚了大量的劳动力。随着国家经济的增长，劳动力的释放会创造红利，加速经济的发展。这显示出经济增长和产业结构变化是互相影响的，但是一定程度的经济增长依然是产业结构变化的前提和推手。

相较于克拉克，库兹涅茨进行了大量的实证检验，为产业划分理论提供了丰富的经验证据，部分依然适用于当下愈加复杂的国际国内环境，为我国经济增长和产业划分提供了重要启示。

三次产业划分理论的"功与过"

配第、克拉克、库兹涅茨等先贤绘制的产业地图，深刻揭示了产业演进的规律，为产业升级和经济发展指明了方向。但是，任何理论都自有其时代的局限，三次产业划分理论也不例外。是非功过，还需细细品读。

是算准底数，还是仅仅为了兜底所有产业？

2021 年 12 月 17 日，国家统计局发布公告，2020 年我国 GDP 现价总量为 1 013 567 亿元，其中，第一产业增加值为 78 031 亿元，占 GDP 的 7.7%，第二产业增加值为 383 562 亿元，占 GDP 的 37.8%，第三产业增加值为 551 974 亿元，占 GDP 的 54.5%。

对经济进行这么精准的核算，是古已有之吗？答案当然是否定的。

扎卡里·卡拉贝尔在《经济指标简史》中曾经提到，大多数经济指标在 1950 年之前都不存在。作为今天广受认可的衡量经济发展的指标，GDP 出现距今只有不到 90 年的时间。可以说，人类历史上的大多数时间中并没有经济指标，1929年大萧条之前并没有哪个国家能准确衡量其国民产出。这明显有悖于目前我们所熟悉的通过"数字"来表征经济的基本常识。

在农业经济时代，多数国家并没有通过经济指标进行统计的习惯。我国则与众不同，开展户籍统计有几千年的历史，从商鞅变法到秦汉，政府推行"编户齐民"，历朝历代都十分重视户籍的统计。[①]这是因为户籍调查直接关系到国家的税收和劳役的来源。明朝建立后，太祖朱元璋十分重视户籍的统计和管理。1380年，在里甲制度的基础上，政府将全国人口按所从事职业，主要分为民、军、匠三类，进行造册登记。因送给户部的一册，封面用黄纸，故称黄册。当时政府对黄册编制十分重视，每十年重新制定黄册，从甲、里、县、州、府一直上报到中央，形成数千吨的档案资料，计算出精确到个位数的人口数据，这个过程要耗费大量的人力财力。

古代王朝不仅重视户籍统计，还十分重视土地的清丈。宋朝时有鱼鳞图，明朝设立鱼鳞册。明朝政府多次在全国丈量土地，绘制成册，作为征收田赋时的凭据，这就是所谓的"颁鱼鳞册，以核天下土田"。

农业社会中，劳动力和土地是最为重要的生产要素，对劳动

---

① 钱穆. 中国经济史 [M]. 叶龙，记录整理. 北京：北京联合出版公司，2013.

力和土地做好统计，就可以较好地摸清经济底数。

然而，工业时代的到来改变了统计的基本逻辑。1840年前后，英国成为世界上第一个工业国家，大机器生产基本上取代了传统的工场手工业。18世纪末，工业革命逐渐从英国向欧洲大陆和北美传播，并扩散到世界其他地区。

第一次工业革命的发生，使工厂制代替了手工工场，机器代替了手工劳动。技术手段的更新和组织方式的改变，带来了效率的极大提高。分工细化、市场范围扩大，在产业发展上也有直接的体现。产业层面，第一产业的绝对优势地位面临冲击，第二产业的重要性开始凸显。与此同时，服务业也开始加速发展。

总之，工业社会的产业结构不同于农业社会，产业种类也更加丰富多样。经济活动种类的增加意味着摸清经济底数的难度在加大。按照农业时代的方式，简单统计人口、土地数量，已经不能准确反映经济发展的实际情况。

必须对不同产业部门进行界定，在此基础上分类统计汇总。配第、克拉克、库兹涅茨等经济学家提出的三次产业划分理论为不同产业部门的统计核算提供了操作规范，使产业结构演变可量化、可统计、可规划，同时为国际经济交流合作提供统一口径。[1] 以统计技术为支撑，以提供相同或相似产品的企业为统计

---

[1] 辰昕，刘逆，惠长虹，等.创新完善产业划分理论将数据业设为第四产业的思考和建议[J].产业经济评论，2020（5）：5-14.

对象，收集、分析数据进行产业领域的经济测定，就可以实现从产业的基本性质出发，对其投入、产出、效益以及结构关联等进行系统描述，既满足微观管理需求，又为宏观管理和分析提供数据支撑。[1] 虽然三次产业分类相对较为粗糙，但其思路和方法对摸清经济底数具有不可替代的作用。在国民经济统计中，国际组织、各国统计部门对产业标准进行多种界定，虽然不同机构的分类标准有所不同，同一机构的分类标准也会随经济发展变化而调整，但在大类上都延续了三次产业分类的思路。1971年联合国颁布《全部经济活动的国际标准产业分类索引》，1984年我国首次编制《国民经济行业分类与代码》，这些都是三次产业分类理论的生动实例。

延伸阅读

《所有经济活动的国际标准产业分类》

《所有经济活动的国际标准产业分类》(《国际标准产业分类》)是生产性经济活动的国际基准分类。其主要目的是提供一套能用于根据此类活动编制统计数据的活动类别。

---

[1] 简予繁.中国广告产业统计分类标准与统计调查方案研究[D].武汉：武汉大学，2017：9-10.

> 1948年《国际标准产业分类》第1版通过，联合国统计委员会在其2002年3月的第三十三次会议上审议了《国际标准产业分类》修订本第3.1版的最后定稿，取代自1989年以来采用的《国际标准产业分类》修订本第3版。
>
> **《国民经济行业分类》与《所有经济活动的国际标准产业分类》**
>
> 《国民经济行业分类》为我国制定的全社会经济活动分类，与联合国制定的《所有经济活动的国际标准产业分类》的一致性程度为非等效关系，在分类原则上相似，但在具体划分上有所不同。

不过也要清楚地看到，在三次产业划分中，随着经济的发展，第三产业的"兜底条款"特点越来越明显。

兜底条款是法律条文中常见的表述，其作为一项概括性法律条文，包含了其他条款没有或难以包括的内容，也包括立法时无法预测的内容。因而，兜底条款是一个不确定的法律概念，时刻考验着程序法定原则的张力。

兜底条款主要是为了防止法律不够周密严格，还有社会情势变迁后法律的相对滞后性问题。即便如此，兜底条款也并非一成不变。[1]如我国《刑法》等法律修订中，兜底条款所包括的内容就在发生变化。

就实际情况看，兜底条款并非只用于法律领域，其他人文社科领域，乃至自然科学领域，都有兜底条款。兜底条款所涵盖的内容还可能更多。

三次产业划分理论中，第三产业被界定为除了第一产业、第二产业外的其他产业，实质上是个兜底条款。在理论产生后的很长一段时间，这是符合实际的。经济总在不断发展，经济结构也在不断调整。

经济服务化是经济结构变迁的必然结果。随着经济的发展，第三产业占比越来越高，经济"软化""服务化"的特点越来越明显。第三产业比重的高低反映了产业结构的发展水平，成为衡量经济进步的重要标志。

随着工业化进程的推进，发达国家的经济结构发生了较大变化，20世纪60年代后，发达国家经济总量中服务业增加值和就业占比不断提高，经济服务化进程逐步加速。根据世界银行的统计，2019年，全球第三产业增加值约占GDP的65%，OECD（经济合作与发展组织）国家第三产业增加值约占GDP的70%。2020年，中国第三产业增加值占GDP的比重为54.5%。我国

---

[1] 马东丽. 我国刑法中兜底条款研究[M]. 北京：中国政法大学出版社，2019.

以现代服务业为核心的第三产业囊括了批发和零售业，交通运输、仓储和邮政业，住宿和餐饮业，信息传输、软件和信息技术服务业，金融业，房地产业，租赁和商务服务业，科学研究和技术服务业，水利、环境和公共设施管理业，居民服务、修理和其他服务业，教育，卫生和社会工作，文化、体育和娱乐业，公共管理、社会保障和社会组织，国际组织等 15 个门类、47 个大类的行业，相较于第一产业（包括农业、林业、畜牧业、渔业）、第二产业（包括采矿业，制造业，电力、热力、燃气及水生产和供应业，建筑业），第三产业涵盖行业的总数超过前两者之和。

随着经济的发展，面对市场格局、产业体系、制度机制、发展路径、生产周期的重构，以及共享经济、科技金融、新零售、智慧物流、智慧医疗等新业态的发展，第三产业的范畴日益膨胀，内容越来越庞杂，吸附了大量细分产业。第三产业在国民经济中"体格虚胖"、门类冗杂，导致统计方式粗放笼统，统计结果难免偏差，难以为新产业发展提供科学的研究基础。三次产业划分理论在产业清晰定义、边界划定、剥离区分、统计测算以及研判分析等方面开始出现的短板，渐渐难以预测未来产业发展态势，不同程度地造成产业政策存在失真、盲目等病症，其理论解释力受到较大冲击和挑战。

即使对第三产业有了进一步的细分（如 OECD 将第三产业

分为五类：第一类是批发、零售、餐饮和旅馆；第二类是运输、仓储和通信；第三类是金融、保险、房地产和商务服务；第四类是公共管理和国防；第五类是教育、卫生、社会服务等）[1]，也仍然无法满足经济发展的现实需要。第三产业作为兜底条款的问题正日益显现。

是理清结构，还是新旧产业混为一谈？

学术界普遍认为，分类是认识事物的重要途径。一般而言，分类是通过对自然界各种事物进行整理，使复杂无序的事物系统化，从而达到认识和区分客观世界，并进一步掌握客观世界的目的。"分"即鉴定、描述和命名；"类"即归类，按一定秩序排列类群。[2]

与之类似，统计学中有分组统计，通过按照一定的标志将总体划分为不同的类型或者组别。由于社会经济现象的多元性和复杂性，个体之间存在差异，实现同类个体相聚、异类个体相分，可达成组内同质性和组间差异性的统一，从而化繁为简，更好地认识事物的本质和规律。[3]

---

[1] 陈晓涛.产业演进论[D].成都：四川大学，2007：179.
[2] 褚峻，杨绰，王雷.现代服务产业分类方法研究[J].统计与决策，2021，37（1）：45-49.
[3] 黎春，马丹.国民经济统计学[M].北京：机械工业出版社，2019：32.

对国民经济进行分类,是正确认识国民经济各个单位、部门、环节之间数量关系的基础,是进行国民经济统计分析的起点。通过分类整理,可以使零星分散的资料系统化、条理化,从宏观上分析国民经济运行规模,从中观和微观上揭示国民经济的结构,识别国民经济各部分之间的差异,反映部分与整体、部分与部分之间的关系。

三次产业划分实质上可以看作对国民经济进行分类、分组。三次产业划分及其动态调整,既是从统计学角度分析产业活动形成统一分类标准的过程,又是从经济学角度研究产业经济、研判产业发展趋势的过程。

由于各国资源要素禀赋差异和发展道路不同,所以在经济发展的不同阶段,三次产业占比不同,产业结构变迁复杂多样。而产业结构的变化,又反过来成为经济发展不同阶段的重要表征和划分依据。为了理清经济结构与发展逻辑,在三次产业分类的基础上,学者进行了深入研究,尤其是在以产业结构变动为依据划分工业化阶段方面形成了重要成果,体现了三次产业划分理论对经济结构的洞察力。

根据库兹涅茨、钱纳里、塞尔奎因等的研究,从 GDP 结构看,在工业化起步阶段,第一产业、第三产业占比较高,第二产业占比较低。随着工业化进程的推进,第一产业占比持续下降,第二产业占比迅速上升,第三产业占比缓慢提高。因此,工业化发展可以划分为前工业化时期、工业化初期、工业化中期、工业化后期和后工业化时期五个阶段。[①]从具体测算看,当第一产业占比降至20%以下、第二产业占比超过第三产业时,进入工业化中期;当第一产业占比降至10%左右、第二产业占比接近最高时,进入工业化后期。随着经济的发展,与产值结构的变化类似,就业也表现出从第一产业向第二、三产业转移的趋势。

美国、德国、英国、日本等发达国家产业结构的发展实践,已经证实了三次产业划分理论对产业结构演变历程和趋势的分析,显示出了该理论的科学性。

我国经济发展历程也证实了这一点。我国三次产业从业人数在改革开放之初从高到低为"一二三"(第一产业最多,第二产业次之,第三产业最少),1994年演变为"一三二",2011年演变为"三一二",2014年演变为"三二一"并持续至今(见图2-1)。在三次产业从业人数发生变化的同时,三次产业产值结构也在发生相应的变化。我国三次产业产值结构在改革开放之初为"二一三",1990年演变为"二三一",2013年演变为"三二一"并持续至今(见图2-2)。这一过程,也符合三次产业划分理论的预测。

---

① 走好新时代的新型工业化之路[N]. 人民日报,2017-11-26(05).

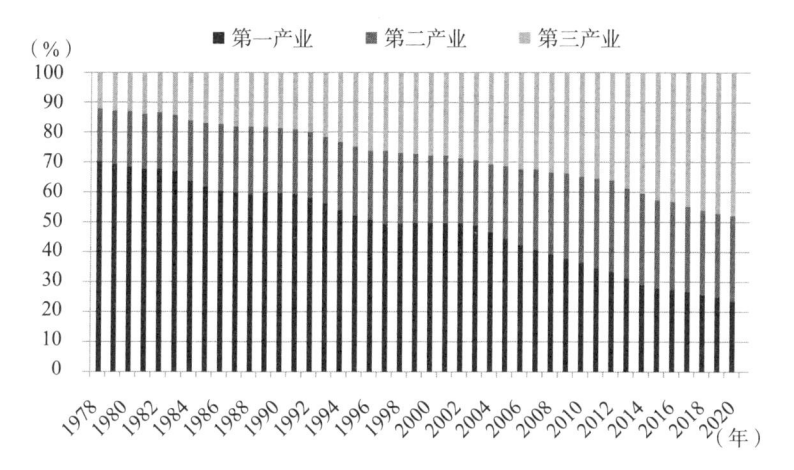

图 2-1　改革开放以来我国第一、二、三产业就业结构变化

数据来源：国家统计局。

注：全国就业人员 1990 年及以后的数据根据劳动力调查、人口普查推算，2001 年及以后的数据根据第六次人口普查数据重新修订。城镇单位数据不含私营单位。2012 年行业采用新的分类标准，与前期不可比。

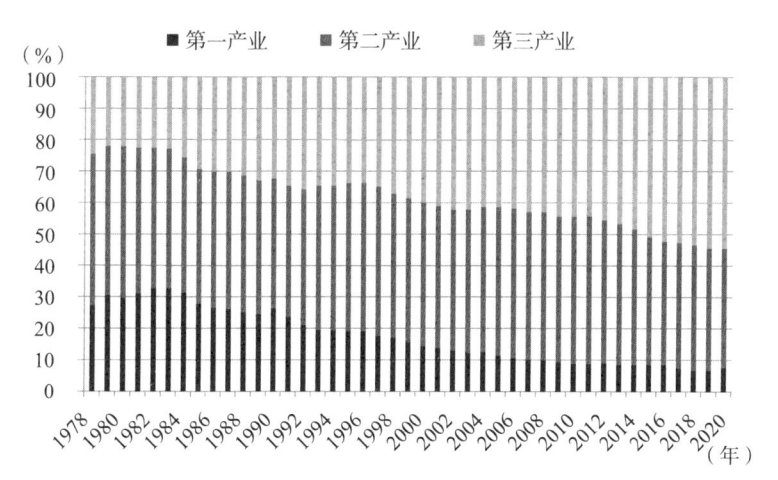

图 2-2　改革开放以来三次产业构成

数据来源：国家统计局。

然而，三次产业划分理论诞生于 20 世纪三四十年代，工业时代的烙印十分明显，产业按照产品划分的特点较为突出，不同的产品与不同的产业一一对应。例如，取自自然界的产品对应农业，初级原料加工后的产品对应工业，非物质类产品对应服务业。

当前人类社会发展日新月异，产业形态也发生了极大变化，新的产业形态对旧的产业划分框架形成了冲击。传统的产业分类不仅难以涵盖不断涌现的新兴产业，也难以区分融合了新技术元素和新模式创新的原有产业。

在科技飞速发展的时代，技术作为主要的驱动力，推动经济前所未有的增长和繁荣。随着互联网、物联网、人工智能、大数据、云计算的发展，5G 基站、数据中心、工业互联网等建设部署和创新应用加速推进，智能交通、智慧物流、智慧能源、智慧医疗等新兴行业不断涌现。产业升级换代周期越来越短，产业分工、融合和演进越来越快。电子商务、平台经济、共享经济等新产业、新业态、新模式即"三新"经济不断涌现。

2018 年，国家统计局首次正式发布我国"三新"经济增加值数据，2020 年"三新"经济增加值已达到 169 254 亿元，约占 GDP 的 17.08%。

这些快速涌现的新兴产业难以通过传统的三次产业划分方法进行合理归类。在传统的三次产业划分理论框架下，它们只能根据近似或类似原则，一概被归为已有的第一、二、三产业下的各个行业类别。这种对新产业、新业态战略定位和属性的绑定固化，一方面降低了产业分类的颗粒度，不利于新产业、新业态脱颖而出和被清晰辨识，弱化了其在产品市场以及资金、人才、技术等要素市场的竞争优势，阻碍了产业发展和市场环境的更好耦合，另一方面抑制了产业跃进的想象力，不利于摆脱传统产业路径、模式、导向的羁绊和限制，实现蓬勃发展。

除了不断涌现的新兴产业外，在新技术的催化下，传统产业也发生了许多新的变化，呈现出跨界融合的特点。以互联网为例，早期出现的互联网技术，其行业特性相对单一，但在此后的发展中，互联网技术的运用逐步渗透到农业、工业和服务业中，开始演化出复杂的产业结合体。数据时代的到来进一步加速了产业融合的步伐。当前，5G等新一代信息技术加速向各行业融合渗透，数据的赋能、赋值、赋智作用日益凸显，应用场景不断拓展。C2B（消费者到企业）、个性化定制、云制造等新业态、新模式发展迅速，制造服务化、服务制造化趋势明显。农业产业链中正融入越来越多的二、三产业元素，第一、二、三产业的融合正在加速。

这种跨界融合的"传统产业"也越来越难以按照先行分类标准进行认定和量化。例如，兼顾科普教育的植物工厂是属于农业、工业还是服务业？

目前我们已处在数据时代的初期，尽管产业与新技术的互融互促尚未完全成熟，但传统产业正纷纷加快数据化转型，充分享受数据技术和数据要素的乘数倍增红利，并产生出大量新业态和新产业。这些"三新"经济的繁荣发展，必将给传统的三次产业划分理论带来新的难题。

总之，可以预见，在数据时代，无论是方兴未艾的新产业、新业态、新模式，还是融合升级的传统产业，都越来越难以适应三次产业划分的理论框架，也难以通过三次产业划分理论实现更好发展，我们需要更加具有创新性、革命性的产业分类理论去描绘产业发展的新蓝图。

是指明方向，还是误导发展的鸡汤？

三次产业划分理论揭示出产业结构演变与经济增长内在的紧密联系，二者息息相关、互为因果。经济增长往往是生产结构转变的一个结果，资本和劳动从生产率较低的部门向生产率较高的部门转移，有助于改善经济效率，促进经济增长。

对产业结构的分析可以为经济增长明确方向。在这方面，库兹涅茨和罗斯托开展了卓有成效的研究。

库兹涅茨认为："经济增长是一个总量过程，部门变化和总量变化是互相联系的，它们只有在被纳入总量框架时才能得到恰当的衡量；缺乏所需的总量变化，就会大大限制内含的战略部门变化的可能性。"[1]在《各国的经济增长：总产值和生产结构》中，库兹涅茨通过对总产值、劳动力的部门份额分别进行截面和长期趋势分析，来梳理各部门的总投入、增长速度及其在总投入、总产出中的占比变化。[2]

至于各部门在总产出或总投入中的占比变化，库兹涅茨认为其原因是：从国内看，随着人均收入的提高，国内总体需求结构会变化，引起产业结构变化；从国际看，国际贸易更加频繁、各国比较优势改变等，导致出口需求结构变化，进而改变国内产业结构；从技术看，生产技术变化对不同部门有不同影响，也会引起产业结构变化。

罗斯托认为，部门分析是解释现代经济增长的关键。经济增长根植于现代技术所提供的生产函数的累积扩散，而技术和组织的变迁只能从部门角度进行研究。总量指标是部门活动的总结，经济增长是主导部门依次更迭的结果。"增长的进行，是以不同的模式、不同的主导部门，无止境地重复起飞的经历。"

结合这种分析思路，罗斯托在《经济成长的阶段》中，根据技术标准把经济成长划分为六个阶段，即传统社会阶段、"起飞"准备阶段、"起飞"阶段、成熟阶段、高额大众消费阶段和追求

---

[1] 苏东水.产业经济学[M].北京：高等教育出版社，2000：231-233.
[2] 孙晓华.中印产业结构变动及对经济增长影响的比较研究[D].长春：吉林大学，2020：28.

生活质量阶段。[①] 第三阶段即"起飞"阶段与生产方式的急剧变革联系在一起，意味着工业化和经济发展的开始，在所有阶段中是最关键的阶段，是经济摆脱不发达状态的分水岭。

罗斯托进一步认为，在经济发展的不同阶段都存在起主导作用的产业部门，主导产业部门呈现高级化发展趋势，并带动其他部门发展。[②] 这即是"主导产业理论"。

总之，在经济发展的不同阶段，产业结构、主导产业一直在发生着变化。如果不去理解和衡量产业结构的变化，就难以找准定位，制定有针对性的政策措施，也就不能实现经济的持续稳定增长。随着经济的发展，第二、三产业将依次在经济中占据主导地位，从某种程度上说，提高第二、三产业的比重成了产业结构升级的一个重要指向，这在一定程度上也为一个国家或地区根据其工业化发展阶段制定产业政策、选取主导产业指明了方向，提供了路径。然而，如果把三次产业划分理论看作经济发展方向的指南针，不可否认的是它的作用正在弱化，甚至在一定程度上已经失灵。

按传统产业理论来说，随着经济的不断发展，一国的产业结

---

① 杨安. FDI 与产业结构优化升级的相关性研究 [D]. 济南：山东大学，2013：32；张梅. 中国金融发展的产业升级效应研究 [D]. 上海：复旦大学，2006：16.

② 曾慧琴. 后工业社会服务经济的演进与利益摩擦 [D]. 厦门：厦门大学，2009：19-20.

构会逐步向第三产业"后移",经济会进入持续提质增效的良性循环。但物极必反,例如去工业化的英美,以及陷入债务危机的希腊,就证明了产业升级实践并非纸上的简单推演。

基于配第-克拉克定律追求服务业高GDP占比的发展理念,从20世纪70年代起,发达国家纷纷推进"去工业化",英美等国将大量制造业转移到了日韩等国家和地区。而从90年代开始,日韩等国又把基础制造业大规模移向了以中国为主的低收入国家,试图构建一种产业"雁阵"模式。这使得英美等国出现产业空心化,具体表现为制造业大规模外移,工业产值和就业人口占比不断下降。产业空心化造成了一系列负面效应,原先美国发达的东北部成了"铁锈地带",金融、房地产等高附加值服务业吸纳就业能力不足导致失业率居高不下,贫富差距加大。

美国从1978年以来,整体上农业增加值占GDP比重较为恒定,工业增加值占GDP比重不断下降,服务业增加值占GDP比重不断上升(见图2-3)。美国具有十分发达的金融业和高科技产业,人们熟知的摩根士丹利、摩根大通、微软、亚马逊等都在此列,这也推动美国成为毫无争议的世界经济体量第一大国。

但美国却在近年提出制造业回归的口号,不仅为了增加就业,也为了使其经济能够转换为实在的产品。疫情之中,美国"有钱没有商品"的情况就是过度依赖第三产业弊端的集中体现。

■ 农业增加值　■ 工业增加值　■ 服务业增加值

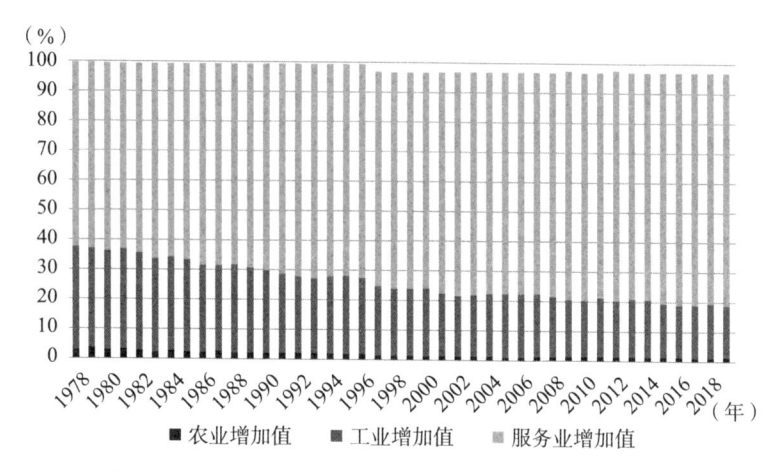

图 2-3　1978 年以来美国三次产业对 GDP 增长的贡献

数据来源：世界银行统计数据。

希腊的教训则较为深刻。

根据世界银行数据，按照 2010 年美元不变价计算，2009 年希腊服务业、工业、农业增加值占 GDP 比重分别为 79.2%、18.1%、2.7%。

如果仅看数据，希腊第三产业的发展程度已超过美国。但是，当年欧洲经济下行趋势明显，希腊重量级行业旅游业和航运业首先受到冲击，希腊经济的核心竞争力逐渐丧失，经济增长动能弱化。

就在这一年，希腊政府突然宣布该国该年财政赤字和公共债务占 GDP 的比重分别达到 12.7% 和 113%。希腊的这两个指标，远超欧盟《稳定与增长公约》规定的 3% 和 60% 的上限。鉴于希腊政府财政状况显著恶化，全球三大信用评级机构惠誉、标准普尔和穆迪相继调低希腊主权信用评级，希腊债务危机正式拉开序幕。财政收入来源大幅萎缩的希腊不得不继续举债，陷入恶性循环，只能依靠他人援助维持国家运转。

2009年末，上述12.7%和113%这两个数字意味着什么？它们分别代表了希腊的债务增量和债务存量。12.7%，代表着希腊在这个财政年度新借贷债务占到GDP的12.7%。而113%则表明希腊在过去这些年的累积总债务超过了一年的GDP。换句话说，希腊政府已经入不敷出、收不抵支，面临"破产"。

对第三产业寄予厚望的希腊经济，不但没有过上梦想中的"好日子"，还跌进了"无尽的债务深渊"。情况怎么会变成这样？直接原因是希腊大幅举债提高社会福利、国防预算，导致国家债务远超GDP总量。

但如果剥茧抽丝、去伪存真地看，造成这种"窘境"的根本原因在于，希腊将第三产业数据看作经济发展的风向标，忽略了第三产业中旅游业、航运业对外部经济依赖的严重程度，误判了产业发展重点，选错了产业发展方向，形成了第三产业"一枝独秀"的泡沫与假象。

到了10年后的2019年，希腊三大产业增加值的GDP占比分别为第一产业占4.2%、第二产业占17.6%和第三产业占78.2%，这些数据与2009年仍极为相似，鲜有改变。支撑希腊的第三产业的重头行业，仍然是完全依靠外部市场的旅游业和航运业，2019年希腊旅游业增加值占GDP的比重为20.8%，航运业增加值占GDP的比重为8%。造成这种"窘境"的根本原因在于，第三产业范畴内类别庞杂、性质相差极大，既有咨询、金融、技术服务这种门槛高、黏性大、需求弹性小的行业，也有旅游业、餐饮业等门槛低的生活性服务业，还有需求弹性大的航运业。而希腊的优势恰好分布在后两者，所以面对世界经济危机的外部冲击，希腊几无还手之力。因此，希腊经济看似"繁荣"，实际上很脆弱。虚胖的第三产业并未推动整个国家进入良性循环。由此可以看出，三次产业划分理论也并不是"万试万灵"的经济发展指南针，仍不足以准确解释和预测产业发展，仍然需要不断更新迭代和完善创新。

寻找第四产业"新大陆"

从农业到工业,再到服务业,人类绘就了一幅虽不完美,但已极其壮观的产业地图。依托两次工业革命,世界经济史分成了三个阶段,农业时代、工业时代、信息时代,分别是以第一、二、三产业为主导,并以逐级递进的关系延伸发展。

如果我们把已有的第一、二、三产业称为"旧大陆",那么随着人类经济的蓬勃发展、科技的不懈探索,我们是否会发现第四产业的"新大陆"? 20世纪70年代以来,不同领域的学者提出了各种产业"四分法"设计方案,可以看作为扬帆寻找第四产业"新大陆"绘制的航海草图。

从哪里破题?

历史上学者提出的第四产业设计方案,主要有三种。

一是信息产业。1977年,美国经济学家波拉特在《信息经济》中提出了四次产业分类法,认为国民经济可划分为四大产业部门,其中第四产业为信息产业,并形成了对信息经济的量化核算方法。波拉特的核算方法被OECD以及委内瑞拉、马来西亚等国家采用，国内也有一定数量的文献支持其主张。波拉特也是第一个正式提出第四产业概念的经济学家。

二是金融产业。1987年，美国统计学家肯尼西在《经济的第一、二、三、四部门》中提出，将金融业作为第四产业部门单独核算。他认为，到20世纪80年代，美国金融业的GDP占比增长到40%左右，是一次产业再升级。农业、工业、服务业和金融业四部门在国民生产总值占比、劳动力雇用、投入产出关系上都各有显著特点，符合库兹涅茨的产业部门划分标准。国内也有学者如张宏宇、陈丹提出，随着金融工具的服务型显著下降，金融已不能再被视为服务行业，应作为一个独立的产业部门。

三是绿色产业。2000年，北京大学学者叶文虎、韩凌提出，获取自然资源为一次产业，加工自然资源为二次产业，三次产业则旨在提高一次、二次产业的效率和效益。[①] 在此基础上进一步推演，转化废物为原材料或产品的相关产业，应当被划分为第四产业，从而将物资生产、人口生产和环境生产联系起来。有学者也提出类似看法，认为第四产业应当是处理废物、促进环保的绿色产业。

诚然，这些设计方案都有其合理性，方案中推荐的"候选人"也都对理论探索和发展具有重要的价值，但是，第四产业的

---

① 叶文虎，韩凌. 论第四产业——兼论废物再利用业的培育 [J]. 中国人口·资源与环境，2000（2）：24-27.

"桂冠"花落谁家,唯一的裁判,只能是人类历史的发展实践。

用什么标准?

跨越漫长的人类产业史,今天,历史将评判第四产业的使命交到了我们手中,面对各种方案,我们应该怎么选择评判,为谁"转身"呢?

正如挑"中国好声音"最重要的是听声音而不是看长相,评判第四产业,最重要的也是先确立一个合理的评判标准,也就是明晰第四产业"独立"的内在逻辑和实际落脚点。

回顾产业发展的历史实践,研判产业演进的内在趋势,从人类发展未来史的角度,我们可以进一步提出第四产业应具备的四条初步标准。

第一,递进性。人类历史上三次产业的划分,源于人类经济发展历程和社会分工演进。

三次产业在生产过程和成果上的递进衍生,也带来了社会分工合作的细化和生产力水平的阶梯式提升。第一产业的出现和发展,相对于仅依靠采集和渔猎的原始人类,是生产力的飞跃。第二产业的出现和发展,不仅本身大大提升了人类社会的生产力水平,同时又会为第一产业提供更为有力的生产工具和运输工具,从而提高第一产业的生产力。第三产业的出现和发展,除了本身提升人类社会整体的生活质量,其中的生产性服务业直接为第一、二产业提供资本、技术、信息、市场、管理等服务，并提升了第一、二产业的生产力；而生活性服务业则通过服务第一、二产业的劳动者，降低其生活成本，间接提升了第一、二产业的生产力。因此，在产业高级化的过程中，随着第一、二、三产业的梯次出现和发展，人类的生产力水平会产生跃迁式的提升，且新出现的产业不仅自身是先进生产力的集中体现，同时也会大大提升已有的产业部门的生产力水平。

总体看，传统的第一、二、三产业之间，无论是生产过程、生产结果还是生产力水平，都存在着不断衍生、层次递进的关系。这也是为什么在英文中，第一、二、三产业用的是 primary、secondary、tertiary（一次、二次、三次）这样表示衍生运算的词。根据这种衍生递进关系，第四产业应当是一个能够在第一、二、三产业基础上，衍生形成全新产品和服务的新兴产业，并且第四产业必将大大提升人类整体的生产力水平，也必将把第一、二、三产业的生产力水平带上一个新的台阶。

第二，引领性。三次产业分类法，首先就是要反映科技发展的历史趋势，随着经济发展质量的提升，第二、第三产业的 GDP 占比也逐步上升。第二、第三产业曾代表经济前进的方向。产业地图的"新大陆"应当是新生的希望，而不是陈旧的古董。

这意味着，第四产业的划分，也应前瞻性地识别科技演进的未来方向，具有引领性。理想的第四产业应代表技术革新发展大趋势，占GDP的比重应随经济发展呈现快速上升势头，并对现有生产生活方式形成革命性、颠覆性的影响。

第三，可区分性。正如地图上的各个大陆之间总有清晰可见的分界，从实际认定核算的角度出发，第四产业还得符合一个最起码的标准——可以区分。经济学家库兹涅茨曾提出，第一、二、三次产业在自然资源使用、生产单位规模、生产过程、最终产品、资源使用比重和总产出比重六个方面都各具特点，这六个要素相当于区分不同产业的"界碑"。

同样，这六条标准也可应用于第四产业。理想的第四产业应当与传统的三次产业存在系统性区别，在资源投入产出的关键特征上可区分，从而确保产业的认定、核算、规划具备可操作性。

第四，产出有形性[①]。在库兹涅茨提出的六条标准中，最重要也最有力的区分标志，是产业的最终产品，这一标准需要单列说明。如果按照最终产出特征分析第一、二、三产业，我们会发现：第一产业是利用自然生产形成有形、固定的产品，无论是农业产出的粮食、水果、蔬菜，还是畜牧业产出的动物制品，都"看得见、摸得着"，是"实打实"的自然产物；第二产业则是以

---

① 在这里提出的"产出有形性"（output tangibility）标准，是指产出在多大程度上具有明确的实物形态，使用这一表述借鉴了金融领域"资产有形性"（asset tangibility）的概念。从第一、二、三产业产出有形性递减的情况看，第四产业的产出有形性应当进一步显著低于第一、二、三产业，形成具有独特性但"看不见、摸不着"的产出成果。

第一产业的产出作为原料,通过对有形的自然物进行加工,形成有形、固定的工业品,其产出"看得见、摸得着",是人工产物;第三产业则是以第一、二产业的产出作为投入,形成有形、流动的服务,其产出"看得见、摸不着",是人工产物。在这一情况下,理论上第四产业形成的最终产出应当是无形的、流动的,是"看不见、摸不着"的,这样才能与第一、二、三产业形成鲜明的区分,否则,就应当并入第一、二、三产业的范畴。

谁才是赢家?

综合以上分析,理想状态的第四产业,应当符合前述的递进性、引领性、可区分性、产出有形性四大标准。那么,学者们曾提出的信息业、金融业、绿色产业,哪一个能入选呢?

很遗憾,如果我们是历史的评审,只能对这三个方案全都给出一个大大的"0分"。它们不是不优秀,只是还不完美。

首先看大家最熟悉的金融业。金融业在可区分性方面十分优秀,国民经济核算中,金融核算也是相对独立的一块。但是,金融业在递进性这条标准上并不合格。

金融业在投入上是具有递进性特征的,是针对各行各业的资金衍生形成的融通服务,但金融业在产出上完全没有脱离为传统产业提供服务的范畴,仍属于"看得见,摸不着"的人工产物,并未形成全新的产品和服务,因此在递进性和产出有形性上不及格。

而在引领性方面,从公元前 2000 年巴比伦寺庙和公元前 6 世纪希腊寺庙的货币保管与放款业务,到 1694 年英国建立的股份制银行英格兰银行,再到现在的网上银行和支付宝,金融业的技术内核和商业模式一直没有脱离资金借贷融通的范畴,创新相对有限,难以说具有引领作用。

延伸阅读

金融业与全球周期变迁

根据主导国家的不同,资本主义 500 多年的历史主要经历了 4 个不同周期。每一个周期的延续时间都是 100 多年。在每个周期,资本主义都会经历一段从萌芽、壮大到衰落的过程。其中,金融在全球周期变迁中扮演着重要角色,与大国兴衰密切相关。

第一个周期是西班牙、葡萄牙王国主导的伊比利亚半岛周期。由于新航路的开辟给西班牙带来了大量的美洲财富,但西班牙并没有强劲的实业基础来吸纳财富,于是西班牙王室的巨额资金流向了尼德兰地区的金融中心,增强了荷兰的力量,助长了荷兰的独立意愿,加速了荷兰周期的到来。

在荷兰周期，阿姆斯特丹在1602年建立了全世界第一个证券交易所，成为第一个世界意义上的金融中心。荷兰发达的金融业也带来了强烈的挤出效应，荷兰人变得不思进取，到18世纪初，荷兰的主要收益来自资本的放贷，并不断滋生金融泡沫。

工业革命开启了英国周期。从19世纪70年代起，英国把50%的储蓄投向海外，标志着英国进入以金融受益为主的食利阶段。1899年的布尔战争让远在纽约的金融市场成为英国的债主，而其后爆发的第一次世界大战则将大英帝国从金融业巅峰拽落，全球体系开始进入美国周期。

相比于之前的几个周期，美国周期的金融化程度更高、范围更广。20世纪70年代以后，随着欧洲和日本的快速发展，美国制造业的利润率在快速下滑，开始大规模向海外转移，以金融为核心的服务业则狂飙突进，创造出大量的信用和衍生金融产品，导致国家产业结构和利润来源发生了根本性改变。

与此同时，美国投入实业的资本越来越少，而金融投机的资本越来越多。最终，世界充斥着金融产品和越来越膨胀

> 的金融泡沫，直接结果就是美国的次贷危机在 2007 年底爆发。危机从美国体系的中心地区向全球扩散，无论是欧洲、日本这些资本主义体系的主要经济体，还是半边缘地带的新兴国家，包括西亚、非洲和拉丁美洲等的依附性国家，都受到了危机的冲击。如今，危机爆发已 10 余年，原本美国主导创建并维护着的一种最高效的资本增值体系和社会模式已经趋于瓦解，美国主导的周期正在走向尾声。
>
> 史实告诉我们，当主导国家进入可以运用金融手段进行直接赢利的阶段，金融成为其主要赢利方式，实业生产便会转移、萎缩，而金融资本不断膨胀扩张，导致投资泡沫越来越大，一旦超出实体经济所能承载的极限，一场导致体系重构的周期性大危机就会爆发。从这个意义上来看，金融业绝不是时代的弄潮儿，不能肩负引领时代的重任。

再看绿色产业。绿色产业在引领性方面比较可圈可点，毕竟绿色是新发展理念的重要内容，环保和可持续发展是人类前进的方向。

但是，绿色产业和金融产业一样，在递进性和产出有形性标准上不合格。绿色产业的核心投入要素，例如生活和工业废品，尚未脱离初级产品或工业制成品范畴，形成的产品也并非新产品或新服务，往往是"看得见、摸得着"的工业品，因此不符合递进性和产出有形性的标准。

同时，绿色产业在核心投入产出模式上与第二、三产业难以形成系统性区分，总不能说用木头造铅笔是第二产业，用废报纸造铅笔就是第四产业。

延伸阅读

推动绿色产业发展的路径和重点

2021年1月19日，国家发展改革委政研室负责人接受采访表示，中央经济工作会议明确将做好碳达峰、碳中和工作确定为八大重点任务之一，充分体现了党中央对做好这项工作的高度重视，并提出了发展绿色产业，积极推动经济绿色低碳转型和可持续发展的政策措施，在产业领域主要包括三个方面。

一是大力调整能源结构。稳步推进水电发展，安全发展核电，加快光伏和风电发展，加快构建适应高比例可再生能源发展的新型电力系统，加快提升能源产业链智能化水平。

二是加快推动产业结构转型。大力淘汰落后产能、化解

> 过剩产能、优化存量产能,推动钢铁、石化、化工等传统高耗能行业转型升级。加快推动现代服务业、高新技术产业和先进制造业发展。
>
> 三是着力提升能源利用效率。完善能源消费双控制度,建立健全用能预算等管理制度。继续深入推进工业、建筑、交通、公共机构等重点领域节能,着力提升新基建能效水平。
>
> 从以上材料可知当前和今后一段时期发展绿色产业的领域和重点,也可以看出绿色产业在实践中主要是基于原有产业的改造、升级、创新,尚未创造出全新的投入与产出关系。

最后看最热门的信息产业。信息产业在可区分性方面也很优秀,目前信息经济和信息产业的核算方法总体比较成熟,能较好地在国民经济中认定和区分出信息部门和信息产业板块。

信息产业在引领性方面也十分突出,电脑、操作系统、互联网等信息工具和媒介的发展普及,极大地便利了人类生产生活,拉近了人与人的距离,对人类生活的革命性影响毋庸置疑。

然而,信息产业在递进性上却存在"硬伤"。

一般认为,信息产业主要包括三个具体的行业部门,信息处理设备行业、信息处理和服务行业、信息传递中介行业。

作为信息产业中的"硬件"部分，电脑、手机制造等信息处理设备行业这些生产看得见、摸得着的人工品的行业，总体上属于第二产业，并未促成人类生产活动出现新层次。

至于信息产业中的"软件"部分，即程序、咨询等信息处理和服务行业，以及邮电、新闻等信息传递中介行业，则要进一步分开讨论。

信息传递中介行业的主要核心业务是"传讯"，主要在对人提供服务，显而易见属于第三产业。把这一部分的信息产业划入第四产业，实际上只是把第三产业的两个部分切成两块，就类似于说"鲁迅"和"周树人"不是一个人，并不能真正识别出人类生产活动的新层次。

但是可能会有观点认为，信息处理和服务行业，通过"处理"这一过程产出或者新增了"信息"，这是不是一种全新的产出，从而形成了全新的人类生产活动层次呢？

我们回到信息的定义，信息是指对人类社会活动一切有用的数据、资料的统称，这里有两个关键点，一是数据、资料，二是对人类有用。归根结底，信息是对人类有用的数据。

而信息处理和服务，一般而言，是对数据、资料进行加工计算集成，然后形成指标、程序、解决方案等，服务于人的生产生活需求。

从这个分析可以看到，信息处理和服务实际上包含两个环节。

一是"信息处理",本质上是数据加工整合,产生了"数据"这样一个与传统的产品和服务都不相同的,看不见、摸不着的产出。这些产出既有可能对人类有用,从而成为"信息",也可能对人类无用,从而成为所谓的信息冗余即"噪声"。二是"信息服务",本质上是运用数据为人们服务,使数据变得对人类有用,从而使人通过"信息"满足生产生活需求。

在这种情况下,信息处理和服务行业可以说既包含了传统的服务业,也包含了某种符合递进性标准,第一、二、三产业难以定义的生产活动。它的"信息处理"部分,本质上也就是"数据处理",随着数据技术的蓬勃发展和系统化、标准化,数据生产继承活动将越来越具有独立性,从而更应被纳入新的数据业而非传统的服务业范畴。

而"信息服务"部分,本质上仍是让人"知晓",降低人的不确定性,在某种意义上与传统的教育、会计、律师乃至金融担保行业是类似的,为人的具体决策服务,并未脱离第三产业的范畴。

值得指出的是,随着未来"数据处理"这一环节高度自动化和智能化,甚至还可能诞生足以取代人类的全新人工生命形式,届时生产数据将不再需要考虑是否"对人类有用",数据处理与信息服务两个环节将可能完全脱离。

总之,我们可以看到,信息产业在递进性上的"硬伤",主要在于这一产业负担的"坛坛罐罐"太多。尽管信息处理行业

（本质上是数据处理）具有一定的递进性，但信息产业还包含了主要归属于制造业的信息处理设备行业，主要归属于服务业的信息传递中介以及信息服务行业，如果按产值来看，当前和今后很长一段时期，信息产业的大部分仍将归属于传统的产业部门，难以独立成一个新的产业部门。这可能也是学界和实务界多年来对将信息产业作为第四产业的观点反应平平的原因，这一产业从递进性的标准来看，只是有一定革新的"改良派"，还不是纯粹的"革命派"，还不足以引领产业划分理论的"革命"，真正指出产业地图"新大陆"的方向。

延伸阅读

信息、数字、数据三者之间的区别

在信息的根本特征中，最重要的就是服务于人类。信息在英、法、德、西班牙语中均为"information"，日语中为"情报"，在中文中最早的用词为"消息"。从广义来说，信息就是为人所利用的一切对客观世界中各种事物的运动状态和变化的反映，是客观事物之间相互联系和相互作用的表征，表现的是客观事物运动状态和变化的实质内容。从狭义来说，

> 按照美国信息管理专家霍顿的说法,"信息是为了满足用户决策的需要而经过加工处理的数据"。如此说来,信息还是需要为人所用,因此它也就具有主观性,势必与传统产业难以分割。
>
> 数字,则相对来说更好理解,就是数学表达的代号。换句话说,数字是一种表达方式、一种符号系统。当下这个时代的数字化,也就是把我们获取的一部分信息转化为以数字表达的方式,多转化为 0 和 1 组成的数字信号,再借由电子信息设备展现。
>
> 数据,则是数字化的信息,是一个更广泛的概念。
>
> 从三者关系来说,数据显然是一个母集,包含了信息和数字,所以我们可以说信息是数据的一种,但不可以用信息指代数据。而信息和数字间有所交集,三者容易混淆,主要是由于电子信息设备的普及与呈现。

那么,在第四产业的擂台上,难道一个"能打的"都没有吗?

不一定,为了找到注定成为第四产业的"真命天子",我们首先需要再一次系统地回顾产业结构演进和分类的历史主线。

18 世纪以来,世界经济的产业结构发生了两次根本性转变。第一次转变是从农业经济向工业经济的结构转变，时间是1760—1970年。第二次转变是从工业经济向服务经济的结构转变，时间是1970年至20世纪末。

以美国为例，其第一次转变是从农业向工业转变，1839年农业占GDP的比重为43%，1950年农业占比降到7%，工业占比则从26%上升到38%。第二次转变是从工业向服务经济转变，2010年美国农业占GDP的比重降到1%，工业占比为20%，服务业占比则达到79%。

这两次产业结构的转变，遵循的是完全不同的主线。

第一次转变的主线在于供给端，是人类制造产品的丰富和升级。这次转变带来的产业分类，主要基于供给的成果，根据自然造物和人造物的不同，形成农业和工业的区分。

第二次转变的主线在于需求端，是人类摄入资源的丰富和升级。这次转变带来的产业分类，则是基于人类不同需求的分类，根据间接提供能量载体和直接赋能的不同，可以分为物质产业（农业＋工业）和服务产业。

综合这两次产业结构转变带来的人类供给端和需求端的优化升级，形成了目前的三次产业划分理论。

那么，人类的产业结构还有没有第三次转变呢？这次转变又会遵循什么主线呢？

有，而且我们每一个人正在经历它、感受它、参与它，这就是经济结构向数字经济的转变。

产业结构第三次转变的主线，在于连接供给和需求。随着数据持续渗透到人类生产生活的每一个环节，人们的供给和需求将能够更为精准、快捷、智能地匹配和实现。

这一主线发展的最终形态，很可能是供给与需求智能化、自动化的匹配和实现，在这种条件下，共产主义的"按需分配"将不再是梦想。当然，我们也必须看到，如果人类产业已将供给和需求完全整合为智能的闭环，那么这个系统也可能诞生出新的生命形式，制造出"新人类"，人类在产业结构第三次转变的过程中，将更加接近"上帝"的角色，但也可能就此为大自然创造出自己的替代品。

回顾产业结构转变的主线，第四产业"花落谁家"也就呼之欲出了——数据业。

同时，我们再看看之前提出的四条严苛标准，会发现数据业也都能完美契合。

从递进性看，数据业的投入是非常鲜明的新生产要素——数据。数据业从各类生产生活实物、进程和场景中获取数据资源，运用特定技术进行存储、传播，通过加强算力、改善算法将数据资源加工成各类数据产品或服务，未来甚至可能形成独立的人工智慧。这意味着数据业在传统三次产业的基础上，已经衍生出了全新的产品和服务形式，形成了鲜明的层次递进关系。

从引领性看，数据业突破了要素稀缺性的制约，为经济爆发式增长提供了可能，通过数据产业化催生新业态、激发新模式，产业数据化引领带动传统产业变革升级，显著提升经济效率和增长潜力。数据业还能有效拓展生产可能性边界，推动先进技术扩散，引致传统产业的结构优化和升级，从新资源、新技术运用、低交易成本、价值链及网络重构等多方面为商业模式提供创新，提升社会管理水平。

从可区分性看，数据是独特的生产要素，其生产者与消费者之间往往是零距离，传输和复制也接近零成本，边际效用递增，边际成本几乎为零，这使得数据业在库兹涅茨的六条标准上与传统三次产业也存在系统性区别，可以进行清晰认定和核算。

从产出有形性看，数据业的核心产出是"数据产品"或"数据服务"，这种由算法形成，以数据为载体的产出，虽然用产品或服务命名，但与传统的农产品、工业品、服务相比是"看不见、摸不着"的，具有无形性、流动性，形成了与第一、二、三产业都截然不同的生产成果，也为数据业与传统的第一、二、三产业划出了一条比较清晰的界线。

此外，包含研发、文创等行业的创意产业，有时也被叫作第四产业，其产出"创意"也是"看不见、摸不着"的，是具有无形性、流动性的生产成果。如果仔细辨析创意产业和数据业之间的关系，可以发现二者之间存在类似于手工业和工业之间的关系。创意产业主要是使用人脑对广义的数据进行加工处理以形成成果的行业，而数据业则大规模采用计算机对数据进行批量化、标准化生产加工。随着技术的进步，大算力成为可能，数据业实际上是人脑创意的数据化、模型化、复杂化。因此，创意产业作为第四产业的雏形，可被纳入数据业的范畴，成为第四产业的一部分。

因此，在这场由人类历史举办的"擂台赛"中，我们由衷相信，第四产业的"桂冠"最终将由数据业摘得，它正是我们向往和找寻的第四产业新大陆。

15世纪，美洲新大陆的发现和开拓客观上为欧洲人带来了海量的土地和财富，也让欧洲在之后数百年成为世界的中心。

而在产业地图上，发现和开拓数据业这块新大陆，将为人类带来更多无尽的机会和创造，从而为人类历史开启一个新的时代。

本章小结

本章直接回答了"为什么要划分第四产业""为什么数据业是第四产业"这两个核心问题。

三次产业划分理论将产业活动划分为三个层次，绘制了一份简洁、务实、管用的产业地图，然而随着产业形态的持续演进，三次产业划分理论的时代局限性逐渐凸显。尤其是第三产业的划分笼统、粗放，难以兼容数字化、智能化的新业态、新模式。因此需要在原有的三大产业基础上增设第四个产业部门，从而更准确地描绘产业结构，指导产业发展。

回顾产业发展历史和产业划分逻辑，第四产业应符合递进性、引领性、可区分性、产出有形性四条标准，相比于学界已提出的信息业、金融业、绿色产业等备选方案，只有数据业满足这些标准，是注定获得第四产业"桂冠"的"真命天子"。

第三章

透 视

数据业的"精准画像"

何为数据业？我们认为，数据业就是将数据转化为数据资产，将数据资产加工为数据产品和服务，并以数据产品和服务为相关产业赋能的行业和厂商的总和。这一定义未免有点抽象，我们有必要抽丝剥茧、层层深入，探究数据一步步从幕后走向台前的历史进程，对数据业进行"精准画像"，理清数据业的来龙去脉，把握数据业的内在逻辑。

数据——数据业的基石

数据是对事实观察的结果，是对客观事物的主观记录，是用于表示客观事物的未经加工的原始素材。数据可以是连续的，比如声音、图像，称为模拟数据；也可以是离散的，如符号、文字，称为数字数据。数据是人类社会从信息化走向智能化所需要的关键原料。

数据的重要作用，我们的祖先早在两千年前就已经有了很深刻的认识。汉武帝时已开始推行编户制度，定期收集居民数据，以判断官员的业绩，决定百姓的赋税和徭役。三国时期给中央呈送地方数据的官员叫作"上计掾"，由于这一职务关系到中央对地方官员的政绩评价，因此要求任职人员必须口才好、形象佳，非优秀人物难以胜任。司马懿、姜维等人都曾承担过这一光荣的数据上报工作。

延伸阅读

> ### 古代的数据上报员——上计掾
>
> "上计"是秦汉时代政府的绩效考核制度,计指"计书",即统计的簿册。统计的范围包括仓库存粮数、垦田和赋税数、户口数以及治安情况。郡县每年年终将管内的户口、钱谷、盗贼之数上报于上级官府,从而使县令受郡守的考核,而郡守则由丞相评定业绩,并根据考核结果进行升、降、赏、罚。上计掾是古代佐理州郡"上计"事务的官吏,往往要将"计书"呈送京城并向上级汇报,需要较强的综合能力。后汉至三国时期有许多名人都曾担任这一数据上报职务。有趣的是,不少担任这一文职工作的历史人物,最后都成了军事统帅,例如曾平定羌乱的"凉州三明"之一皇甫规、辽东军阀公孙瓒、蜀汉后期的军事领导人姜维以及西晋王朝奠基人司马懿等。

可惜的是,到了近代,我们似乎忽视了数据的重要作用。黄仁宇在《万历十五年》中说中国缺乏"数目字管理",这对近代的历史而言,切中时弊。以地图数据为例,到抗战时,我国绘制的军用地图还很不准确,影响了指挥效率。

相比中国,一衣带水的日本为了突破地理和资源的限制,在

"邪恶的大陆政策"驱使下,把地图绘制摆在重要位置,精密程度之高令人咋舌。正如日本学者小林茂在《外国地图——日本帝国的亚洲地图》一书中指出,日本测绘的地图是"战争和殖民地统治的工具",其中蕴含了大量的数据和资料。

除了政府管理和军事斗争,数据对自然科学研究也发挥了巨大的作用。丹麦天文学家第谷在汶岛上前后工作了20年,修正了大气折射的效应,先后观测了777颗恒星的位置,而且编制了一个误差极小的星表,取得了大量精确、宝贵的天文观测数据。他为此付出了失明的代价,但也为开普勒提出行星运动定律打下了坚实的基础。奥地利遗传学家孟德尔则用长达8年的时间得出豌豆种植数据,提炼出了生物遗传的基本规律。如果说科学是第一生产力,那么数据就是驱动第一生产力的重要原动力。

在商业世界,数据则更是利润的宝贵矿藏。1815年,罗斯柴尔德利用高效的信息网络,通过滑铁卢战役情报的时间差,成功引导了英国国债走向,收割了大量拿破仑"饭圈"的"韭菜",成了大英帝国的债权人。200年后的2015年,张磊创立的高瓴资本则根据人口老龄化、少子化数据,押注构建中国宠物行业新赛道,在宠物医疗领域形成了一支"高瓴系",创造了数据引领投资的新范例。

不过,以上这些数据都是通过组织收集或个人积累,自产自用,依然是小数量的,也并未形成买卖交易。数据还在"小圈子"里自生自灭，没有拥抱大世界，自然不能为其他行业赋能，更别提产生更加神奇的"化学反应"。因此，只有当数据成为商品和要素，能够大规模自由买卖或流动的时候，数据才被赋予了引领时代的意义。

这一分水岭，要从我们身边最熟悉的数据贩卖商——媒体说起。

数据 1.0：从媒体到数据

1851 年，在罗斯柴尔德的伦敦战役获得史诗性大捷的 36 年后，德国人保罗·朱利叶斯·路透也来到伦敦开始着手搭建自己的全球信息网络。路透之前一直在德国的二线城市亚琛工作，经营新闻和股票价格的信息服务，也算是人如其名。这次"伦漂"，他在伦敦的金融中心皇家交易所大楼 1 号开了间办公室，只雇了一个 11 岁的男孩。谁也不会想到，这会是后来影响世界的媒体帝国的雏形。

路透利用他的电报专长，通过电报和 200 多羽信鸽，以令人羡慕的速度建立起了准确、完整、公正的品牌声誉。当时的伦敦办公室借助新的多佛—加来海底电报电缆，在伦敦和巴黎之间发送股票行情和新闻，成为连接欧洲双城的信息桥梁。后来这一机构逐渐发展为全球家喻户晓的媒体、英国最大的通讯社、世界四大通讯社之一——路透社。

随着信息时代的来临，路透集团利用其信息网络优势，逐渐进入数据服务领域，并成为行业巨头。2008年，已有百年历史的路透集团和汤姆森集团合并成为汤森路透，旗下拥有涉及科学文献、法律、外汇交易等的各类数据产品。我们熟知的让无数博士、"青椒"（大学青年教师别称）又爱又恨的科学引文索引SCI（Science Citation Index，本质上是一个数据库），就是这个集团的杰作。以媒体起家，然后在长期的业务积累中，将服务内容逐渐精细化、标准化，从而转型升级为数据服务商，是汤森路透发展历史的鲜明特点。

如果说汤森路透是数据服务商中拥有百年历史积淀的"少林"，那么彭博则是因张三丰般的传奇人物带领而迅速崛起的"武当"。2001年11月，当纽约市民还沉浸在"9·11"事件带来的悲痛中时，纽约市迎来了它的新市长——迈克尔·布隆伯格。摆在布隆伯格面前的，是一个不折不扣的烂摊子。随着"9·11"事件造成的冲击持续发酵，纽约的经济与公共财政面临崩溃，市民对未来的信心严重不足。

但传奇正是在危难时刻中造就。短短几年里，迈克尔·布隆伯格为纽约创造了数万个工作岗位，把60亿美元的财政赤字转化为数十亿美元的财政盈余。他领导的市政府还将纽约的高中毕业率提高了40%，犯罪率降低了1/3。

布隆伯格凭借卓越的政绩，在纽约连任了三届市长，成为纽约市历史上最杰出的市长之一。然而，这只算是布隆伯格人生中的一个兼职，他的主要身份是世界最大的数据服务商之一——彭博集团的创始人和掌舵者。1981 年，布隆伯格用从所罗门兄弟公司离职拿到的 1 000 万美元补偿在纽约创办了彭博，开始为金融机构提供咨询服务，最初的雇员只有 4 个人。

第二年，彭博开始为金融机构提供数据终端，并获得美林证券的投资。之后彭博陆续成立了新闻社、电台、网站、电视台等。目前彭博在全球各地拥有 192 个分支，19 000 余名员工。彭博仅用了 22 年的时间，就实现了金融数据市场的销售收入超越汤森路透集团，成为数据服务业的新贵，布隆伯格也成为金融数据终端领域的"张三丰"。

无论是"从媒体到数据"的路透，还是"从数据到媒体"的彭博，这类通过建立新闻站、记者站等线下实体网络，主要以人力收集传递数据并提供配套服务的企业，可称作数据生产者 1.0，它们是数据生产者最原始的形态。

然而，它们只是挖到了数据这个巨大"宝藏"的冰山一角。但正是它们，进一步让人类感受到，数据真的存在无限可能。

数据 2.0：从用户到数据

人类许多伟大的创造，都首先诞生于军事领域，信息行业也不例外。1948 年，克劳德·艾尔伍德·香农发表的一篇名为《通信的数学原理》的论文，被认为是为信息论奠基的划时代作品。香农将信息量的单位确定为"比特"，对信息量的测度给出了精确的数学表达，为通信领域奠定了坚实的数学基础。香农对通信问题的划时代研究，最初就是为了帮助美国军方破译密码。而20世纪改变人类生活最大的发明创造——互联网，一开始也是由美国国防部高级研究计划局建立的，主要用于军事通信。

然而，无论是人、理论还是历史事物，只有与最广泛的人民群众相结合，才能发挥出最大的价值。互联网逐渐向民用普及，爆发出巨大的能量，诞生了一系列你我熟知的巨头企业，如谷歌、苹果、新浪、搜狐、亚马逊等。这些企业聚集了数以亿计的用户，并在为用户服务中不知不觉积累了以几何级数增长的海量数据。例如谷歌，2012年时每天就有30亿次搜索、3.4万个问题，到了2020年，一天搜索量超过35亿次。

一个问题自然而然显现了出来，这些数据能不能用来干点什么？这些巨头企业做了许多尝试，成果颇丰，可谓"妙数生花"。

最基本的是优化服务、拓展客户。如脸书采用朋友关系数据的网络分析，来告诉用户他们可能或应该认识的人。亚马逊则会保存用户的搜索关键词，并使用别人的搜索词来关联该用户的搜索，从而做出恰当的，乃至比用户自己更了解自己偏好的商品推荐。

进而是开发新产品、提供新服务。美国网络视频平台网飞

（Netflix）利用 3 000 万用户的收视选择、400 万条评论、300 万次主题搜索，决定拍什么、谁来拍、谁来演、怎么播，最终形成《纸牌屋》这样的超级爆款。[①] 2013 年该剧第一季正式上线后，网飞用户数增加了 300 万，开启了互联网视频平台挑战好莱坞的历史进程。

跨界融合、提供公共服务是数据应用"升级版"。互联网企业的数据还经常跨界客串，产生让人惊叹的化学反应。比如，2009 年猪流感传播期，谷歌通过跟踪与流感相关的搜索，分析猪流感的暴发和传播，形成了疫情地图。谷歌发现猪流感的暴发和传播趋势的时间，比美国疾病控制与预防中心早了整整两周。

数据应用还可以衍生政治权力，介入政治议程。美国前总统奥巴马的竞选团队依据选民的推特评论、论坛访问等数据，实时分析选民对总统竞选人的喜好，模拟各州的选举结果，为奥巴马当选和连任保驾护航。奥巴马为什么赢？从他竞选团队的高级官员说的这句话就可以找到秘诀，"我们每天晚上都在运行 66 000 次选举"。

在数据生产者 2.0 的时代，互联网巨头的各类数据产品或服务，更像是它们核心业务的"衍生品"，但确实是提升其主业效率，构建竞争壁垒的终极利器。

---

① 曹方.大数据时代的"大安全"[J].上海信息化，2014（10）：22-25.

延伸阅读

为互联网而生的输入法——搜狗输入法

搜狗输入法是目前国人最常用的输入法,它利用搜索引擎的技术,解决了拼音打字需要大量筛选同音字词的问题,输入准确率较传统的拼音输入法大大提高。搜狗输入法也是创造性利用搜索引擎用户数据的经典案例。

搜狗输入法的创意其实来自互联网之外。2005年,本科刚毕业、在太原一家国企做机械设计的马占凯发现了一种"省力"的中文输入方法:只要在搜索框里输入相应的拼音(比如"xinwen"),获得搜索引擎相应的提示("您要找的是不是:新闻"),复制粘贴过来即可。由此,他产生了一个大胆的想法:用搜索引擎做输入法。

接下来,马占凯给国内做搜索引擎的公司逐一发送电子邮件,提出了"搜索+输入法"这个创意,最后却都石沉大海,只有搜狗接纳了他,不过也不是因为输入法。当时的搜狗仍然专注于搜索,而马占凯在电子邮件中对搜狗搜索提出了很多产品细节的改进建议,引起了搜狗的重视。进入搜狗的马占凯一开始被分到了搜索项目组,但是他并没有忘记当初的构想，一有机会就去游说搜狗的高层，最后说服了当时的负责人王建军和王小川。

一开始，搜狗输入法的研发人员并不多，第一年只有几个人专职参与，但通过复用搜狗搜索的技术积累，搜狗输入法成了第一款为互联网而生的输入法——它通过搜索引擎技术，将互联网变成了一个巨大的"活"词库。网民们不仅仅是词库的使用者，同时也通过搜索提供数据，成为词库的生产者。正是由于具有互联网的思维方式，搜狗输入法后来居上。

在2005年，智能ABC、紫光拼音、加加拼音和微软拼音占据了国内输入法90%的市场份额。但是到了2008年，搜狗输入法的市场份额已从2%飙升到了40%，2009年，这个数字变成了70%。

2007年4月4日，谷歌拼音输入法正式上线。不过，搜狗很快发现，谷歌输入法涉嫌盗用搜狗输入法词库。随后，搜狗公布了双方拼音输入法的一些词库重词，不仅一些错词一模一样，谷歌输入法词库中竟然还出现了搜狗开发团队的一些生僻名字。此时舆论哗然，4月9日，谷歌不得不在官方博客上向搜狗公开道歉。谷歌侵权事件之后，搜狗加强了

> 专利的申报工作。如今,搜狗输入法已经向国家知识产权局申报了100多项专利,其中还有10余项国际专利。这些专利构成了强大的竞争壁垒,在同一技术条件下,竞争对手已难以撼动搜狗的地位。

数据3.0:万物生数,数生万物

随着数据应用越来越广泛而深入,几乎每个人都被卷入这一浪潮。不管是网页日志数据、推特流数据、在线交易数据还是传感器数据,每个人的数据都在被上传、记录、分析甚至泄露。互联网公司千方百计地让人们花更多的时间在线,同时也留下了他们的浏览记录、定位轨迹、支付记录和视频音频。这些数据都可以被挖掘、整合,孕育出下一个改变人类生活的应用程序。这意味着,数据已经开始成为一种新的生产要素。

党的十九届四中全会指出,"健全劳动、资本、土地、知识、技术、管理、数据等生产要素由市场评价贡献、按贡献决定报酬的机制"。这是数据首次被中央定义为生产要素。

生产要素的理论最早可追溯到1662年威廉·配第所著的《赋税论》。1890年,英国经济学家马歇尔提出了生产要素四元论——土地、劳动、资本和企业家才能。这个"四元论"概括了西方经济学生产理论和分配理论的中心,在一个多世纪的时间里被人们普遍接受。

在经济学中,生产要素是人们用来生产商品和劳务所必备的基本资源,它的特点类似于催化剂,它促进生产,但不会成为产品和劳务的一部分,也不会因生产过程而发生显著变化。可以看到,作为驱动数据业发展的"助燃剂",数据对价值创造和生产力发展具有广泛影响,完美地契合以上定义,这也是为什么数据能有资格成为生产要素"俱乐部"的一员。

但也要看到,数据作为生产要素的新贵,有着不少属于它自己的"个性"。在我国,随着近年来数字经济的高速发展,尤其是社会生产过程的广泛网络化、数字化与智能化,数据作为一种生产要素所发挥的作用在社会经济中也已经充分凸显。因此,数据的运用是否能为人类打开一扇新社会的新大门?值得遐想。

延伸阅读

零边际成本社会

《零边际成本社会》是美国华盛顿特区经济趋势基金会主席杰里米·里夫金2014年出版的著作。里夫金认为,"产

> 消者"正在以近乎零成本的方式制作并分享自己的信息、娱乐、绿色能源和3D打印产品。他们也通过社交媒体、租赁商、合作组织以极低或零成本的模式分享汽车、住房、服装和其他物品;数十亿人和数百万组织连接到物联网,从而使人类能以一种从前无法想象的方式,在全球协同共享中分享其经济生活。在数字经济中,社会资本和金融资本同样重要,使用权胜过了所有权,可持续性取代消费主义,合作压倒了竞争,"交换价值"被"共享价值"取代。里夫金甚至预言,"零成本"现象孕育着一种新的混合式经济模式,这将对社会产生深远的影响。零边际成本、协同共享将会给主导人类生产发展的经济模式带来颠覆性转变,我们正在迈入一个超脱于市场的全新经济领域。

数据成为生产要素,不光影响技术进步、经济发展和社会演进,也很可能会决定未来世界将由什么样的人来主导。新制度学派的领袖人物加尔布雷思曾提出,社会发展的每个阶段都有一种生产要素是最重要和最难替代的,掌握这种生产要素供给的阶层,将具有极其重要的地位。[①] 例如,奴隶主之于奴隶时代,地主之

---

① 闫德利.数字经济发展迈向产业互联网新阶段[J].中国信息化,2020(6):5-9.

于农业时代，资本家之于工业时代。

如果他的理论在我们这个时代仍然正确，那意味着，未来谁拥有更多更高质量的数据，谁就将主宰我们这个世界的未来。

数据会使人类向何处去？关于这个有趣且引人思考的问题，有人已经给我们做过一次精彩的思想实验。

1985年，一个22岁的木讷工程师来到山西娘子关电厂，任计算机操作员。他的日常工作波澜不惊，唯一的好处，是当时手上的工作量不是特别饱和，有大量空余时间。于是他与许多上班族一样，按照自己的爱好开始"摸鱼"。只不过，他的爱好稍微特别一点，是写科幻小说。据他自己说，他特别喜欢用那种质量非常差的液晶屏，"稍微转一个角度，（领导）就看不着了"。

他就是后来创作出《三体》的中国科幻小说第一人——刘慈欣。万事开头难，经历了四年的艰辛探索，刘慈欣才写成第一部未公开出版的处女作。在这部作品中，未来国家的治理和决策已经完全实现了数据化，建立起高度文明的社会，甚至人类的思想和记忆也已经实现了数据化，诞生出第一批虚拟空间中的思想实体。

然而，这些思想实体中的某一个，通过将自身意识数据的无限复制，在网络中迅速建起一个虚拟王国，这个王国中的人民全部是他自己的复制品。

这个由数据构建起来的虚拟王国，在激烈的内部斗争中快速扩张，甚至引发了社会危机，将现实中的国家拉向了战争边缘。最后，小说中的女执政官果断地拉断全国电网，全国所有计算机瘫痪，这个由数据构建起来的虚拟王国遂灰飞烟灭。现实中的国家也转危为安、重获新生。

客观地说，这部小说文笔相对粗糙，结构也不算完整，比起《三体》，还稚嫩得像个婴儿。但这部小说中对数据产生的巨大价值及其引发的巨大危机所给出的富有前瞻性的想象，会在某一天变成现实吗？我们该如何防范可能的隐患和风险呢？

没有人知道答案，但所有人都会拭目以待。

走近数据业

当前,数据已经不再"犹抱琵琶半遮面",而是一步步从幕后走向台前,成了新型生产要素,但这并不是数据在产业史中的顶点高潮,而仅仅标志着人类产业的未来史即将拉开大幕。历史上,劳动让人类走出了茹毛饮血、巢居穴处,科学技术催生了工业革命,资本塑造了经济全球化。那么,同为生产要素的数据闪亮登场,能够为我们带来什么?答案就是数据业——创造未来史的主角。

事实上,经济社会各领域的数字化转型正在加快推进,数据业已经登上历史舞台,无时无刻不在影响着我们。例如,阿里巴巴、腾讯等知名互联网巨头企业通过数据的充分挖掘和分析,掌握用户潜藏的需求、欲望、情感,进而引导消费趋势和顾客意愿,已经深刻改变了消费者的行为逻辑,定义了新的消费市场。又如,数据确权引发了广泛讨论,数据交易方兴未艾,数据分析已经成为新兴行业,数据业的内涵和外延已经越来越清晰。再如,几乎市场各领域都开始关注数据,数据收集和分析不再是数据分析师的"禁脔",行业研究员、会计师、精算师、公务员都开始学习数据分析技术，有关 Python、R、Java 等数据处理工具的书籍已悄悄地出现在他们的案头，一定的数据认知能力和处理能力已经成为企业从行业脱颖而出的关键法宝。因此，数据业像一阵春风、一缕微光，正在悄然改变着人类社会的发展面貌。

从定义上看，数据业就是将数据转化为数据资产，将数据资产加工为数据产品和服务，并以数据产品和服务为相关产业赋能的行业和厂商的总和。按照这一定义，数据业主要体现在但不限于数据采集、数据储存、数据流通、数据传输、数据分析与挖掘、数据加工、数据集成、数据服务、数据安全等分工环节中。

数据采集：万物皆可数

数据采集是指通过多种方式，从设备、仪表、控制器、传感器、软件系统、移动应用终端、经济运行、市场交易、个人或组织活动中，将目标数据读取出来，送到上位机中进行分析处理的技术或功能。"巧妇难为无米之炊"，数据采集决定了数据分析挖掘的上限。在数据时代，数据采集主要通过移动终端、物联网终端、可穿戴设备等形式实现，让我们先从移动终端说起。

移动终端

1973 年 4 月的一天，一名男子站在纽约街头，掏出一台约有一块砖头大的无线电话，打出了世界上第一通移动电话，通话对象是他在贝尔实验室工作的一位助手，引得过路人纷纷驻足侧目。这个人就是手机的发明者马丁·库帕，摩托罗拉公司的工程技术人员。自此，移动电话这种终端出现在了人们的工作生活中。

移动电话出现后，人们可以随时随地自由通话，不再需要守在固定电话旁等待重要来电，大大促进了信息的实时传递，推动了商业、贸易及各行业的发展。随着体积的不断缩小，这种移动终端演化为只有手掌大小，人们给它取了个形象的名称——手机。

2007年，苹果发布了第一代iPhone智能手机，开启了以第三方应用、友好交互以及良好无线数据接入能力为特征的移动智能终端时代。在随后的发展中，手机不再只是进行通话和收发短信的工具，而成为包括多媒体应用、网页浏览、信息管理、任务安排等的多功能智能化移动终端平台。

笔记本电脑则是当下另一种主要的移动终端平台。最早的笔记本电脑由康柏公司于1982年推出，重14公斤。1985年，IBM和东芝公司分别推出了各自的"膝上电脑"，真正意义上的笔记本电脑诞生了。发展至今，十指飞快敲打键盘的商务人士已随处可见。

2002年，微软公司提出了平板电脑的概念，平板电脑比笔记本电脑体积更小，把键盘集成到触摸屏上，携带更加方便，操作更加简化。2010年，苹果首席执行官史蒂夫·乔布斯在美国旧金山发布iPad，重新定义了平板电脑的概念和设计思想，取得了巨大的成功。当前，手机和平板电脑已经融为一体，手机办公成为常态，平板电脑也具备通信功能，二者均可根据情况增加相应程序并附加相应设备，从而具备拍照、摄像、录音、录入等各种数据采集功能。

智能手机、平板电脑等移动终端的成功普及，乃至后面可穿戴设备的发展，让数据的采集、存储、传输等不再受到空间限制，数据的交互和联网更加便捷。

例如，在我国的新冠肺炎疫情防控工作中，机场、火车站、酒店等公共场所都可以通过手机App（应用程序）扫码来甄别需严格防控的对象，记录个人行动轨迹，为疫情防控提供了实时数据支撑。

又如，2020年的第七次全国人口普查已全面采用电子化方式进行，普查人员拿着智能终端挨家挨户进行住户的基本数据采集，并上传到数据库，大大提升了采集效率和质量。

再如，金融服务乡村振兴过程中，银行工作人员进村入户，用移动终端开展农户信息建档，以数据形式上传，根据风险模型计算出贷款额度，并在线上快速办理放贷手续。老百姓足不出村，就能一键获得贷款。

同时，依托移动终端开展数据收集的技术也在不断地提升和优化，不论是政府、企业还是个人，均可运用无线传输、空间定位、生物识别等技术，实现对数据的精确、快捷、高效、可视化、全时段、全方位归集。数据的优势，在移动终端时代得到了更为充分的体现。

物联网终端

物联网,即"物物相连,万物互联",是在计算机互联网的基础上,利用射频识别、无线数据通信等技术,构造一个覆盖世界万物的互联网络。

比尔·盖茨在1995年的《未来之路》一书中首次提及物联网概念,之后,随着传感网络的不断发展,物联网市场从无到有,到2017年产业规模已经突破万亿元。

2017年,华为提出了全新的使命,要把数字世界带入每个人、每个家庭、每个组织,构建万物互联的智能社会,仅仅是华为和中国电信合作的物联网平台,就有高达4 500万的连接数。腾讯在2018年"腾讯云+未来"峰会上提出人联网、物联网和智联网"三张网"概念,并希望在云时代通过"连接",促成"三张网"的构建。阿里巴巴在2018年云栖大会·深圳峰会上宣布将全面进军物联网领域,计划在未来五年内连接100亿台设备。

物联网终端因其多数据采集、多通信方式、大容量存储、实时数据上传等特点,可以实现数据连接、数据监测和远程管理控制。物联网已经渗透到各个领域,也慢慢深入我们生活的各个方面。比如日常使用的共享单车,每一辆车均配备北斗导航或GPS(全球定位系统)模块和移动通信模块,并与后台系统联网,每辆单车的数据都能传到每个移动终端,我们通过手机App就可以掌握单车的位置信息。

延伸阅读

> 要深入实施工业互联网创新发展战略，系统推进工业互联网基础设施和数据资源管理体系建设，发挥数据的基础资源作用和创新引擎作用，加快形成以创新为主要引领和支撑的数字经济。
>
> ——摘自 2017 年 12 月 8 日习近平在中共中央政治局第二次集体学习时的讲话
> （《人民日报》2017 年 12 月 10 日 01 版）
>
> 要加快新型基础设施建设，加强战略布局，加快建设高速泛在、天地一体、云网融合、智能敏捷、绿色低碳、安全可控的智能化综合性数字信息基础设施，打通经济社会发展的信息"大动脉"。
>
> 要推动数字经济和实体经济融合发展，把握数字化、网络化、智能化方向，推动制造业、服务业、农业等产业数字化，利用互联网新技术对传统产业进行全方位、全链条的改造，提高全要素生产率，发挥数字技术对经济发展的放大、叠加、倍增作用。
>
> ——摘自 2021 年 10 月 18 日习近平在中共中央政治局第三十四次集体学习时的讲话
> （《人民日报》2021 年 10 月 20 日 01 版）

类似地，在我们网络上购物下单后，商品信息随即上传到网络，利用设置在物流运输的每个节点的扫码感应器，物联网系统得以实时监控商品的运输情况。这样，我们可以实时查询到商品物流状态。

从城市交通、企业生产到日常出行购物，依托物联网技术的广泛应用，数据业得到极大发展，也推动我们的生活更加智能，更加便捷。

可穿戴设备

最早的可穿戴设备诞生在一个绝大部分人都想不到的场景——赌场。1961年，麻省理工学院教授爱德华·索普与克劳德·香农为了研究凯利方程式在轮盘赌博中的应用，共同设计制造出了一台小型可穿戴计算机，把它穿在身上可以在赌博过程中计算概率，从而验证他们的公式是否正确。直到20世纪后期，可穿戴设备的用途才拓展到了音乐、影像上面。

谷歌2012年发布的谷歌眼镜（Google Glass）第一次掀起了可穿戴热潮。百度、苹果等随后进入，可穿戴市场整体进入迅速扩张阶段。可穿戴设备产品种类日益繁多，包括手表、手环、耳机、运动鞋、头盔、眼镜等。这段时期的智能穿戴设备更多地采用了具有感知、识别能力的元器件，采集记录人体机能的相关信息，数据处理更多还要依靠智能手机或电脑等其他终端进行。

随着消费者对生活品质的要求愈加提升，可穿戴设备发展不仅仅表现在技术进步,还分别表现在产品迭代、商业模式更新、目标客户升级等方面。传统的可穿戴设备感知和记录数据的功能已经无法满足实时分析和个性化反馈的需求。云计算和人工智能等新兴技术,为实现个性化的数据分析和推荐提供了支撑,对可穿戴设备的功能和形态产生了巨大的影响。预计到 2022 年,可穿戴设备市场的全球总出货量或将达到 1.904 亿,5 年内的复合年增长率为 11.6%。[1] 从细分产品看,智能手表、手环将推动行业出货量激增。

美国可穿戴设备品牌菲比(Fitbit)推出的业内首款可夹在衣服上的健身设备,能够随时记录用户的步数、行走距离、热量消耗、运动强度和睡眠状况等数据,未来还能获取血糖、血脂、尿酸等数据,并进行智能化分析。通过可穿戴设备,健康分析师和医师可以直接和我们的身体进行"对话",并依托更长周期的监测数据,做出更加精准科学的诊断,为用户带来全新的科技和健康体验,为健康产业的发展带来新变革。

数据存储:汇聚数据之海

数据存储一直默默地支撑数据科技的发展。从早期储存纺织机工作过程控制信息的穿孔卡,到早期计算机的指令带,再到考

---

[1] IDC:智能手表将在 2022 年占可穿戴设备市场半壁江山.凤凰网,2018-9-14.

试用的答题卡、听音乐用的唱片，再到后来用于调查人口时的信息存储硬盘，存储介质经历了磁带、磁盘、硬盘、光盘、闪存、云储存的更迭演变。

当前，以英特尔、三星、镁光等公司生产的固态硬盘和脸书所使用的 Memcached（为内存和高速缓存组成）为代表的新型数据存储介质，因为结合了传统磁盘的大容量数据存储特性以及越来越接近动态随机存取存储器（DRAM）的数据读写速率这两方面的优势，被广泛部署于亚马逊 AWS、微软 Azure、阿里云、腾讯云等大规模公有云存储系统中，高存储量、高访问速度的特性缩短了用户访问数据的等待时间，极大地提升了用户的使用体验。

面对数据规模的几何级增长，数据存储技术的发展为海量数据提供了栖身之所，为数据业的发展提供了强大后盾和有力支撑。

数据传输：浪潮的形成

1486 年，葡萄牙人迪亚士发现了非洲最南端的海角——好望角。在苏伊士运河开凿之前，从英国到印度的航船必须绕过好望角，航程风急浪险，耗时 6 个月左右。海员们都希望给亲人捎回平安家信，但是却难得碰到返回英国的船舶。

于是，他们采用了最原始的做法，约定在好望角的一块巨石下放置信件。石头上刻着："请在下面找信件！"这样，所有前往印度方向去的船都在这里停靠，海员们把家信放在石头下面；

所有驶回英国方向去的船也派人在这里上岸，把石头下面的信件取走捎回英国。后来人们就把这块巨石命名为世界上最早的"邮局"。这块巨石现存放在开普敦博物馆。

1876年，苏格兰裔青年亚历山大·贝尔的电话机专利获得批准。1878年，贝尔在相距300公里的波士顿和纽约之间进行了首次长途电话实验，并获得了成功，后来就成立了著名的贝尔电话公司。此时的电话，都是通过电缆线路进行通信。

1966年，华裔科学家高锟就光纤传输的前景发表了具有历史意义的论文。四年后，美国康宁公司真的拉出了第一根光纤，证明光纤作为通信介质的可行性。1972年，光纤的传输损耗降低至4dB/km。至此，光纤通信时代正式开启。

现今，光纤系统的理论带宽约为960GHz，换句话说，一对金属电话线至多只能同时传送一千多路电话，而一对细如蛛丝的光导纤维可以同时通一百亿路电话！

1993年，本内特提出了量子隐形传态的概念。同年，6位来自不同国家的科学家，提出了利用经典与量子相结合的方法实现量子隐形传送的方案。与传统通信技术相比，量子通信具有超强抗干扰能力、保密性强以及传输速度快的特点。中国科学技术大学在2009年组建了世界上首个5节点的全通型量子通信网络。

总的来看，从纸质信件到量子网络，数据传输速度和广度的飞跃为数据业的发展创造了重要条件。数据浪潮最终将汇聚成波澜壮阔的数据之海，为人类的思想遨游和自由创造提供无限的空间。

数据分析：从数据到智慧

数据分析是指采用统计分析方法对收集来的大量数据进行分析，以求最大化地开发数据的功能，发挥数据的价值。数据分析是提取有用信息和形成结论，并且对数据加以详细研究和概括总结的过程。

数据分析的数学基础在20世纪早期就已确立，随着计算机的出现，数据分析得以迅速发展。数据分析是数学与计算机科学相结合的产物。按目前行业通行的分类，大概有分类、关联、聚类、概念/类描述、时序演变等分析方法。

延伸阅读

常见的数据分析方法

- 分类：对已经分类的个体进行归纳并找到分类个体的特征属性，常见分类算法有决策树、贝叶斯、神经网络。

- 关联：找到数据中隐含的关联信息，常见的关联分析算法有 Apriori 算法和 FP-growth 算法。
- 聚类：使组与组之间的差距尽可能大，使组内数据的差距尽可能小，常见聚类分析方法有分层聚类、分割聚类、模糊聚类。
- 概念/类描述：特征描述主要描述对象的共同特征，区别描述则是描述对象之间的区别。
- 时序演变：使用时间序列数据分析，序列或周期模式匹配和基于类似性的数据分析方法，对事件或对象行为随时间变化的规律或趋势建立模型进行分析。

算力为数据挖掘提供了动力。当前最常见的增强算力的技术方案是云计算。云计算是分布式计算的一种，指的是通过网络"云"将巨大的数据计算处理程序进行分解再处理的过程。随着云计算的发展，现阶段的云服务已经不单单是一种分布式计算，而是分布式计算、效用计算、负载均衡、并行计算、网络存储、热备份冗杂和虚拟化等计算机技术混合演进并跃升的结果。

算法为数据挖掘提供了方法。算法是指解题方案的准确完整描述，是一系列解决问题的清晰指令。良好的算法是对数据资源进行"点石成金"的关键。例如美国运通公司通过算法，减少了客户的流失率。以往运通公司只能根据事后诸葛亮式的报告进行流失客户的滞后预测，后来运通公司开始构建真正能够预测客户忠诚度的模型，新的模型基于历史交易数据的分析预测结果大大提高了客户的忠诚度。

如果把数据比作新的石油，那么建立数据分析模型及算法，掌握如何将其提炼为可使用的情报，就是建立数据的"炼油厂"。数据分析方法，尤其是算法，成为从数据到智慧的关键。

延伸阅读

银行里的数据挖掘——建立信用评估模型

我国金融行业是较早使用数据库技术的行业，所以也积累了大量的数据，从而为应用数据挖掘打下了良好基础。银行主要是要做两件事，吸储和放贷。吸储显然就是各种金融产品的销售，需要准确把握客户，让客户把资金留在银行；放贷则包括了信用卡业务和各种额度的贷款，需要仔细把握风险，避免不良贷款和坏账产生。在数据技术还不发达的时候，银行大多数时候还是靠客户经理自身的经验，进行谨慎但烦琐的人工审批，这个环节的成本很高，而且人很有可能犯错误。为了解决这个问题，数据挖掘被推到了业务前沿：一方面是实现自动化，用程序自动判断客户类型，自动评估贷款风险，从而降低成本；另一方面是审核更加客观，避免人的失误，排除主观因素的影响。

以信用卡业务为例，通过数据挖掘建立信用评估模型主要有六步。

第一，确定研究对象。这里我们分析的对象是信用卡/贷款申请人，确定了申请人这个对象，我们就能确定收集哪些数据。

第二，整理数据。例如以下几个方面：基本属性，即年龄、性别、学历、职业、婚姻等；财务特征，即月总收入、月还款占总收入比例等。另外，还需要客观体现申请人信用表现的特征。信用评估实际就是在预测申请人违约的可能性，实际的违约行为就是要整理的数据，例如逾期还款次数、最长逾期时间等。

第三，数据预处理。在模型训练之前，需要对数据进行处理，例如空值填充、异常值过滤、类型转换、降维等。有的是因为数据质量问题，有的是算法的要求。

第四，模型训练。可以使用神经网络、支持向量机、逻辑回归等机器学习算法。这些算法实际是在计算申请人的这些特征（自变量）和是否违约（因变量）直接具体定量的相关性。这样就能通过这些因变量预测申请人违约的可能性。

第五，模型评估。模型在使用之前肯定是要进行评估的。现在有很多的评估指标，例如正确率、准确率、召回率、ROC 曲线（受试者工作特征曲线）等。根据模型的侧重点，选择合适的评估指标，得到最优模型。

第六，模型部署。模型是一个有预测能力的程序，这个程序怎么运行，要看实际场景需求，像银行的预测并发性很高，而且要实时响应，所以很多都是将模型转换成了评分卡，将模型的预测转换成了数据库查询。现在由于实时流技术的发展，也能够将模型部署到实时流中，实现模型的实时预测，这样业务人员就能快速判断申请人的信用情况。

数据应用：人工智能、虚拟现实与产业赋能

数据应用是数据业最丰富多彩的一个部分，数据点石成金的作用在这里展现得淋漓尽致。数据能做到哪些事情呢？

一是让机器智能化——人工智能与机器人。为什么大家认为机器人很厉害？通过人工智能技术日新月异的发展，机器人被装

上了"大脑",而不再单纯是"机器",这不仅仅是我们手足的延伸,更是脑的延伸。人工智能是如何变得更具威力?大数据是人工智能的"食物",人工智能技术在不断"吃"数据,而且与人类的生长发育一样,人工智能吃进去的"食物"越新鲜、越丰富,人工智能就越能茁壮健康。

人工智能是怎样消化数据"食物"的?算法就是机器人的消化系统,人工智能通过算法来读取、消化数据,并产出结果。

所以,人工智能的算法是关键。人工智能的算法多种多样,例如预测算法、统计算法、深度学习算法等等。每个编写程序的开发者都能创造自己的算法,但是不同算法有高低优劣之分。好的算法造就聪明的"大脑",即聪明的人工智能,从而创造高智商的机器人。

人工智能的"食物"大数据来自哪里?企业所需的数据信息除了来自传统的企业资源计划管理系统(ERP)、客户关系管理系统(CRM),当前更明显的趋势是充分利用网络、物联网、传感器收集数据资料。例如:运动鞋垫连上传感器后,记录并上传使用者的运动频率、里程数、健康状况等信息;工厂设备安装物联网后,随时反馈生产的数据、良率及设备运转状况。所有能想到的东西都在上云,这些传感器成为机器人"手脚"的延伸。

人类的工作是否会被人工智能替代?美国谷歌创办的奇点大学的教授杰里米·霍华德(Jeremy Howard)指出,未来80%的工作可能被人工智能机器人取代，机器人可以经营无人商店、帮医生读取X光片上的肿瘤信息、通过智能面部识别抓恐怖分子等等。尽管这对就业构成了挑战，但也需看到，随着大量简单重复工作被人工智能解决，人类将有更多时间和精力被解放出来，以从事创造性、情感性的活动，人的生活将因为机器的智能化而更加丰富多彩。

二是让数据可视化——虚拟现实与增强现实。近五年来，虚拟现实和增强现实技术（VR/AR）实现了快速增长。它们最初主要应用在游戏和娱乐领域，吸引了游戏玩家，受到影视观众的追捧。后来，该技术逐步扩展至工业领域，较大地帮助企业提高了生产率和安全性，VR通过模拟危险环境中的工具和设备运行情况，帮助用户研判与改进设备状况；AR将基本信息直接传递给用户，减少技术人员或维护人员联机在线查找信息所花费的时间，提高了检测效率，降低了维护成本。根据VR Intelligence整理的2020年相关行业洞察报告，65%的AR公司正在从事工业应用开发。

VR/AR技术还被广泛应用于教育培训、医疗健康等领域，形成"沉浸式培训""沉浸式治疗"。同时，随着元宇宙的发展，各项虚拟现实技术都将实现突飞猛进的发展和广泛的应用，元宇宙将为VR/AR技术带来新的巨大发展空间。

三是让产业智慧化——为产业赋能。数据赋能产业，与我们生活最接近的案例，可能是快递物流。中国已出现顺丰、极兔、"三通一达"、菜鸟等众多平台型快递物流企业。例如，菜鸟网络早在2013年就宣称，计划首期投资1 000亿元，并用5~8年的时间，打造遍布全国的开放式、社会化物流基础设施。菜鸟网络称，这将是一张能支撑日均300亿元，即年约10万亿元网络零售额的智能骨干网络，其目标是让全国任意一个地区做到24小时内送货必到。

菜鸟网络的长板是数据，其拥有包括客户、商家、消费者基础数据以及物流信息路由在内的全套数据。这些数据赋予菜鸟网络聚合物流订单的能力，并促进规模效应的发生和成本的降低。毕竟，一车货的运费一定比每件货单独发的运费相加低廉。

不仅如此，数据业对物流的影响还体现在不是简单的工序升级，而是业务模式逻辑重构。现在"仓配送"的含义发生了很大变化，中间环节被压缩，商品滞留时间缩短，货物永远在路上而不是在仓库里。同时，数据业推动物流更大程度实现共赢共享，菜鸟网络搭建的是中国智慧物流骨干网络，这个网络给商家、仓配的服务商使用，也对快递公司完全开放。

针对物流行业的高能耗现状，菜鸟网络发布了未来绿色智慧物流汽车计划（ACE计划），通过联合知名车企，计划推出"菜鸟智慧大脑"，共同打造百万台新型智慧物流汽车，该计划旨在通过智慧大脑，自动生成最优配送路线，并在分单、分拣、集装运输、配送等环节应用"黑科技"减少配送点的二次分拣,提升仓库到站点的多频次运输效率,大幅降低能耗。

数据与金融科技也正进行着深度融合。日本富国生命保险公司(Fukoku Mutual Life Insurance)宣布他们从 2017 年 1 月开始使用"IBM Watson Explorer"(IBM 沃森搜索应用程序)代替 34 位保险索赔业务员,人工智能将扫描被保险人的医疗记录与其他信息来决定保险赔付的金额,帮助公司更快地处理理赔事宜。IBM Watson AI(IBM 沃森人工智能)的效率预计会比人高 30%。

美国财富阵线(Wealthfront)作为领先的智能投顾平台,自 2011 年开始专注于智能投顾领域,其服务客户已有 8 万多名,资产管理规模达到 40 亿美元。与传统理财销售不同,美国财富阵线利用金融市场大数据,根据客户背景及风险偏好,并借助现代投资组合理论为客户提供多元化的投资组合方案。

如何实现大量的 ATM 自助终端机的风险管理,避免发生错误和欺诈,一直是让商业银行头痛的一个问题。而如今,通过实时流数据可视化平台,可以对每台设备运行情况实时监控。当某一特定的设备存在问题时,系统自动查看每一笔/每个人的交易情况,包括各种相关信息,如金额、时间、地点等。根据可视化地图进行筛查,使用系统中的智能化分析模型,按交易的异常情况,来判断某些人是否存在欺诈。比如同一张银行卡在 10 分钟内交易了两笔或多笔,但交易地点相距几百公里,那么极有可能存在克隆卡或其他欺诈交易。

数据要素推动不同行业的技术创新互相促进、融通发展，形成创新"裂变"，不同产业的形态结构、组织方式、竞争条件，特别是发展生态正在被重塑，产业链上中下游、大中小企业协同创新，产学研深度融合、创新主体互促共进的协作生态不断完善，实体经济正在发生深刻变革。

目前，在住宅小区内已经很难见到水、电、气抄表员。借力无线远传技术，水、电、气供应商只需部署一个基站，即可获取整个小区内的水表、电表、燃气表等的读数，实现自动化远程抄表。

作为物联网集成创新的综合平台，智慧城市已由分批试点步入全面建设阶段，从小范围局部性应用转向较大范围的规模化应用，从垂直应用、闭环应用转向跨界融合、开环应用。大部分城市已建成高速宽带网络、政务云、基础数据库等基础设施，并基于"一张图"实现人、事、物联网，跨部门、跨层级、跨区域的协同运行及决策支持机制逐步建立，为数字城市建设奠定了坚实基础。

打造智慧城市，通过全面的数据采集，配合专业化的数据挖掘、分析预测，可以提高政府治理的精准化程度，提升城市可持续发展能力。比如，在水资源利用方面，美国OmniEarth公司携手IBM的沃森人工智能系统，只需12分钟即可分析15万块土地的卫星和航拍图像，比人工分析的速度快40倍，为当地政府部门和业主提供更精准的节水建议。

当前全球已启动或在建的智慧城市已达 1 000 多个，中国也有 300 多个城市提出要建设智慧城市。2017 年，智慧社会就已被正式写入党的十九大报告。2021 年，智慧城市也已进入"十四五"规划。

当前，智慧城市建设还是以政府推动为主。在未来，智慧城市建设将形成"政府牵头、行业参与"的多方协同模式，以社会化、生态化、低碳化的建设理念，引领整个社会技术的升级和革新。

如果进一步展望，当无数个智慧城市联结在一起时，未来的人类除了物质世界、精神世界，还可以形成一个巨大的"数据世界"，这个数据世界源于物质、联通精神，却又相对独立于这两个世界存在，将为人类的生活提供一个全新的维度。

延伸阅读

数字平台赋能深圳城市智慧

深圳市智慧城市发展水平居全国前列，智慧城市建设为深圳的发展带来强劲增长动力。深圳市人民政府于 2018 年印发《深圳市新型智慧城市建设总体方案》，提出到 2020 年，

> 实现"六个一"发展目标,即"一图全面感知、一号走遍深圳、一键可知全局、一体运行联动、一站创新创业、一屏智享生活",建成国家新型智慧城市标杆市,达到世界一流水平。深圳市通过数据技术激活城市智慧,实现人便于行、物畅其流,搭载大数据、人工智能等技术,逐步帮助城市构建云、物联网、数据湖、人工智能、视频云等五大智慧城市关键部分,带动实体经济向好发展,全产业生态向数字化、智能化演进。
>
> 深圳市政府管理服务指挥中心是智慧深圳和深圳数字政府的大脑,是智慧城市构建的核心,它收集来自不同智慧系统的数据和信息,实现跨政府部门和行业的事件处理和工作协同,对城市运行状态实行监测预警,并在重大隐患显现或者重大事件发生时,进行协同指挥。通过自有的物联网、大数据、人工智能和云计算等技术,实现从前端感知、数据传输、大脑决策到行动指挥的闭环,让整个城市有机地运行起来。

数据应用展望

物流、金融只是数据为产业赋能的诸多事例中的冰山一角,一个很明显的趋势是，数据对几乎所有产业都进行着强渗透。它既是传统产业的助燃剂，又是新兴产业的催化剂，还是不同产业的黏合剂，更是未来产业的推进剂。数据的采集、流通、挖掘、分析以及研究和应用，正在推动新技术、新产业的升级跃迁，同时还不断激发新业态、新模式的诞生成长。

习近平指出，要把握数字化、网络化、智能化融合发展的契机，以信息化、智能化为杠杆培育新动能，优先培育和大力发展一批战略性新兴产业集群，推进互联网、大数据、人工智能同实体经济深度融合，推动制造业产业模式和企业形态根本性转变，促进我国产业迈向全球价值链中高端。(《人民日报》2018年5月29日01版）

数据业的"觉醒年代"已然到来，它代表新的方向，它包罗万象、无处不在，如星星之火，正以燎原之势开启全新未来。借用伟人所言，数据业"是站在海岸遥望海中已经看得见桅杆尖头了的一只航船，是立于高山之巅远看东方已见光芒四射喷薄欲出的一轮朝日，是躁动于母腹中的快要成熟了的一个婴儿"。

获取数据业的"数据"

数据业成为第四产业，引领未来产业发展升级大趋势，光靠"嘴皮子"不行，仅靠一些感性认识也不行，必须要靠数据说话，也就是要能够准确地认定和核算数据业的发展情况，掌握数据业的"数据"。这既包括通过合理分类，定性认识数据业的范围和边界，也包括通过经济核算，定量分析数据业的经济价值。这两者都不是简单的事。要探索和了解数据业是怎么认定和核算的，首先要从传统产业是如何认定和核算说起。

产业的分类认定

1707年，瑞典的拉斯胡尔特村诞生了一个叫卡尔·林奈的小男孩。林奈从小就热爱大自然，少年的他将所有的时间都用在了采集博物馆的标本上。1735年，林奈成功获得了医学学位，并且在同一年出版了巨著《自然系统》。[1] 林奈通过《自然系统》这本书，为动植物重新进行了分类，统一了动植物的拉丁文学名

---

[1] 近代生物分类学之父林奈 [N]. 学习时报，2007-6-18.

命名系统，奠定了至今通用的动植物双名命名法。这一成就，使得林奈成为近代生物学和分类学的奠基人。

延伸阅读

> **分类学**
>
> 分类学（taxonomy）是区分事物类别的学科。广义分类学包括许多细分学科，例如信息分类学、数值分类学、农业生态分类学、土壤分类学、化学分类学、分子分类学、犯罪分类学等，狭义分类学特指生物分类学。

相较于之前各国学者各自对植物命名分类的混乱情况，林奈的生物分类系统和命名方法简洁清晰，首次实现了生物学分类命名的大一统。他的系统也为后来的各种分类系统树立了典范。

这其中，就包括产业分类系统。

产业分类是国民经济的基础性分类。正如研究生物学必须以生物命名分类为前提，描述产业结构，把握生产过程中的生产技术特征，也必须以产业分类作为前提。

如果从生产角度观察，可以发现不同的经济单位就像生物一样存在多样性，它们通过投入不同技术和原材料，生产出不同产品。正如相同或相似的生物可以划分为一个种属，从事相同或相似经济活动的经济单位可以归类为一个产业。

当前世界上最主要的产业分类系统，一个是联合国制定并推荐各国使用的国际标准工业分类法（ISIC），另一个是美国普渡大学开发的GATP部门分类体系。这两者在分类单位、分类依据、分类结构上，似乎都是在向林奈的生物分类法致敬。

首先是分类单位。林奈首创了不以个体，而以生理功能形态为生物分类的方法。按此类推，我们把从事一种或主要从事一种类型的生产活动，归类为一个有相应收支核算资料的"基层单位"。

其次是分类依据。林奈将生物的客观形态作为分类的主要依据，例如植物雄蕊和雌蕊的类型、大小、数量及排列特征等。而产业分类中，生产方式是主要的依据，包括自然资源使用、生产单位规模、生产过程、最终产品、资源使用比重和总产出比重等。

最后是分类结构。林奈采用分类树结构作为梳理自然世界的基本模型。他首创了纲、目、属、种的分类概念，并将植物分为24纲、116目、1 000多个属和10 000多个种。这一多层次的树形结构，充分实现了简洁性和多样性的有机统一。产业分类也是如此。例如国际标准工业分类法，根据经济活动主要产品的性质，再结合货物和服务的用途，以及生产的投入、工艺过程和技术，对全部经济活动采用小类、中类、大类和门类四级分类标准，从而为每一个具体产业确定了唯一的四级代码。各种类型的经济活动和经济单位，理论上都可以在这个代码体系中找到自己的位置。我国的产业分类系统《国民经济行业分类和代码》，也主要参照国际标准工业分类法制定。

总之，在产业分类体系中，对一个产业进行认定，首先要调查从事同一种经济活动的"基层单位"，其次要依据工艺、投入、产出等判断其生产方式特征，最后还要考虑从门类到小类的分层结构，找准产业的定位。

这一原则，在数据业的认定中，也依然适用。

产业的核算

意大利文艺复兴时期，最众所周知的伟大画家无疑是列奥纳多·达·芬奇。且不说《蒙娜丽莎》在1920年被估价34.5亿美元，即使是达·芬奇还健在的15世纪，想求得一幅他的画作，也难如登天。但是1497年，他却慷慨地为数学名著《神圣的比例》设计了60幅数学图解。

达·芬奇之所以会这样慷慨，是因为这本数学书的作者，是他的几何老师、亲密朋友，伟大的意大利数学家卢卡·帕乔利。达·芬奇有许多数学知识都来自帕乔利，因此他投桃报李，为其作画宣传。

与达·芬奇一样,帕乔利也是一位从画家成长起来的多面手。他1445年出生于意大利小镇博尔戈,16岁以后师从意大利名画家弗兰切斯卡。在绘画之余,弗兰切斯卡同时也是一名优秀的数学家。帕乔利在他的教导下,扎下了数学方面的深厚根基。

1464年,帕乔利来到当时的欧洲商业中心威尼斯闯世界。他凭借自己的数学知识,被一位富裕的犹太商人聘为他三个儿子的数学家庭教师。帕乔利在商人家中开始接触到威尼斯式簿记(也就是原始的商业会计核算),并且进行了认真的研究,对威尼斯式簿记在数理逻辑方面进行了加工和提高,使它更加符合科学规范。帕乔利把自己的研究成果传授给了商人的儿子,并为他们撰写了一部有关数学和簿记学的讲稿。

帕乔利在威尼斯足足待了6年,后来又在罗马待了5年,这11年让帕乔利由画家转型为数学家。1475年,刚过而立之年的他受佩鲁贾大学的聘请,成为一名数学教授。之后他在意大利许多地方周游讲学,直到1486年才重返佩鲁贾大学继续研究工作。

到了1494年,49岁的帕乔利发表了凝结他半生心血的重要著作《算术、几何、比及比例概要》,又称《数学大全》。这部著作与斐波那契的《计算之书》、卡尔达诺的《大术》并称文艺复兴时代意大利的三大数学名篇。

然而这本书对后世影响最大的,并非是数学理论的推演,而是其中的第三卷第九部第十一篇《计算与记录详论》。这一篇讨论的正是簿记学，也就是会计核算。帕乔利在这部不朽的著作中，对威尼斯商业实践中采用的记账方法进行了科学系统的梳理，从数学理论的高度创立了沿用至今的复式记账法。这一发明成为这位数学家最著名的贡献。

帕乔利发明的复式记账法的核心，是每一笔经济交易要根据所引起的资源流的不同性质，同时以"借记"和"贷记"记录两次，在两个账户予以核算加总，一次作为获得（权益、负债、收入），一次作为使用（资产、费用）。

这样的记录方式，既说明了资源的来源，又说明了资源的去向，形成了对企业内部资源流通的闭环记录。同时还牢固确立了账户平衡的要求，借贷两边只要差1分钱，就意味着会计记录有错误。这也是为什么许多会计人员会为了把账做平抓耳挠腮，熬到秃头。这套让企业家眉开眼笑，让记账员泪流满面的方法影响深远。一方面，关于资源流动数据的详细记录，使得专业的财务管理和资本运营有了可能，这才有经济学家熊彼特的评论："复式记账是资本主义的高塔，是资本主义的代表作品。"另一方面，复式记账作为完备的企业经济核算体系，也为各种经济核算奠定了基础，毕竟产业是由一个一个企业构成，国家又是由若干个产业构成，"治众如治寡，分数是也"。

产业核算，隶属于国民经济核算的范畴，它的记录方法（同样是国民经济核算的记录方法）也是以复式记账的思想为基础，但并不简单采用会计核算的借贷记账法。原因是产业核算中的大部分经济交易都会涉及两个机构单位，和企业会计立足交易一方进行记录不同，产业核算会把交易双方都纳入核算框架，从而涉及两个单位各自的复式记录，最终形成"四式记录"。

这一记录方法，使得产业核算乃至国民经济核算可以检查不同核算部分的一致性，从而保证整个核算"账平表对"。同时，"四式记录"也把整个核算体系联系起来，形成有机的整体。

"四式记录"是产业核算采用的主要记录方法，而从记录内容上看，产业核算最主要的核算成果，是产业的增加值。关于增加值，我们可以从一个问题开始思考，假设我们已经通过分类认定划分好了一个产业的范围，里面含有若干个企业，那么如何核算这个产业在某段时期生产或服务活动的产出成果？

最简单的方法，是汇总产业里这些企业的一个个账本，里面用复式记账法核算了企业某段时期内（例如一年）生产出产品或进行服务的总价值[①]，将这些数字填到一个表上加总，就会得到该产业的总产出。

真的这么简单吗？肯定不是。

最主要的问题是这些企业之间也可能发生交易，即A企

---

① 更具体地说，企业产品总价值＝原料成本＋固定资产折旧＋劳动者报酬＋税金＋利润，等式右边的五个变量都来自企业会计核算的既有科目。

业生产的产品成了 B 企业的原料。在这种情况下，如果简单把 A、B 两个企业的产出加总，在 A、B 企业分别记账的情况下，A 企业被 B 企业使用的那部分产品价值会被重复计算两次。

在这种情况下，得到 A 企业的产出后，要加上的应当不是 B 企业的总产出，而是 B 企业的总产出减去 A 企业对 B 企业的投入价值（一般称为中间投入），这样才能得到 A、B 两个企业的真实总产出。

B 企业的这个"总产出减去中间投入"就是增加值[1]。简单地说，增加值就是在一个单位经济活动产生的总价值中，扣除别人产生的价值后，计算出的仅仅由这个单位自身产生的新价值。

如果我们将一个产业里所有企业的"总产出减去中间投入"汇总起来，就是这个产业的增加值，也就是这个产业在一段时期内为经济带来的新增价值。这样，对产业的核算就初步完成了。进一步的，如果我们将一个国家一段时期所有产业的增加值汇总起来，就是这个国家的国内生产总值，也就是 GDP。

---

[1] 简单地理解，增加值 = 固定资产折旧 + 劳动者报酬 + 税金 + 利润，原料成本则是中间投入。

延伸阅读

增加值计算举例

我们举一个钢铁工业的简单例子。一个煤矿一年开采的煤炭全部都出售给炼焦厂炼制焦炭,销售额为500万元,没有其他原料。炼焦厂则将炼制的焦炭全部提供给钢铁厂冶炼,一年销售额为1 500万元,采用的煤炭等原料成本一共是700万元。钢铁厂当年冶炼钢铁价值3 000万元,采用的焦炭等原料成本一共是2 000万元(如下表)。

生产企业	总产出/万元	中间投入/万元	增加值/万元
煤矿	500	0	500
炼焦厂	1 500	700（500万元为煤炭）	800
钢铁厂	3 000	2 000（1 500万元为焦炭）	1 000
合计	5 000	2 700	2 300

那么,在这种情况下,如果不考虑折旧,各企业的原料成本是中间投入,可得:

煤矿的增加值=500−0=500（万元）

炼焦厂的增加值=1 500−700=800（万元）

钢铁厂的增加值=3 000−2 000=1 000（万元）

从煤矿到钢铁厂这条产业链的增加值则为2 300万元。

总之，产业的核算，是先通过产业的分类认定，确定属于该产业的企事业单位或者基层单位范围，然后依托该范围内各类单位的会计数据，计算出增加值后再加总。

这种核算，本质上是在一定范围内对企事业单位的会计数据以及有关调查数据，按照某种标准进行的排列组合和运算。

当然，在产业核算的实际中，还要考虑核算的具体方法、核算数据来源乃至各种价格标准的选择。例如我国的产业增加值核算，是按生产法和收入法两种方法计算，以收入法为准。收入法核算的基础资料是产业中企事业单位的财务数据，以及针对产业财务成本进行的调查数据。

生产法就是采用企事业单位生产的相关科目，直接计算总产出（简单地说是产品的总产量乘以对应价格）和中间投入（一次性消耗的货物和服务），获得增加值[①]。收入法则是考虑不同的生产参与者获得的收入性质，通过加总劳动者报酬（劳动者收入）、生产税净额（政府收入）、营业盈余（资本收入）、固定资本消耗（投入资本的回收）来获得增加值。

这些具体的技术过程，不再赘述。我们只需要牢牢把握核算的本质即可，即如果要对数据业建立比较科学的认定核算标准，获取"数据业的数据"，关键在于解答好两个问题：一是在亿万

---

① 这里计算的实际上是总增加值，如果要计算净增加值，还要扣除固定资本消耗。

个市场主体中，划分出什么样的"基层单位"，作为计算增加值的对象；二是对不同领域、类型的"基层单位"，要采用什么样的计算方法加工其会计数据得到增加值。

数据业的认定初探

在介绍了一般的产业是怎么进行认定核算之后，我们来从理论上讨论对数据业如何进行认定核算。

把握好产业分类的基本思路，对数据业范畴的界定，关键在于把握数据业的生产方式特征，也就是搞清楚投入何种资源、采用何种生产技术过程、产出何种经济产品。

数据业的生产技术过程主要包含三个方面。一是如何从各种自然活动和人类行为中获取数据，并形成基础性数据资产。二是如何在已获得的数据资产的基础上进行加工，形成数据产品和服务。三是如何在已有数据产品和服务的基础上，为生产生活场景提出优化方案。这三个环节顺次衔接，就形成了一个从生产生活到数据，再从数据回到生产生活的产业循环。

数据业的产品，基本形式自然是数据。具体来说就是上文所说的数据资产、数据产品和服务、数据方案三大方面。

在理论上，按照香农的权威定义，数据的概念比信息更为广泛，是信息和"噪声"的总和。也就是说，信息天然包含了一个为人服务的概念，它必须对人有用，能像香农定义的那样，必须降低不确定性。而数据,在极端情况下,可以完全是噪声。信息必须能为人提供服务,难以脱离第三产业的范畴,而因为数据"中性",数据可以独立于人的需求存在,成为继产品、服务之后的第三种产出形式。

在对数据业的生产方式有了一个基本的界定和认知后,根据数据业的投入产出过程,我们再次回顾数据业的正式定义:数据业是将数据转化为数据资产,将数据资产加工为数据产品和服务,并以数据产品和服务为相关产业赋能的行业和厂商的总和。

在这个定义中,数据业事实上包含了三个紧密联系、缺一不可的组成部分。

第一,数据价值化。这一部分从各种自然活动和人类行为中收集数据,并通过清洗、标注等方式形成数据资产,相当于数据的"采矿业"。

第二,数据产业化。这一部分通过采用各种算法和信息技术,将数据资产加工为数据产品和服务,相当于数据的"制造业"。

第三,产业数据化。这一部分则通过对数据产品和服务进行系统集成,为各类生产生活场景提供解决和优化方案,从而为传统的第一、二、三产业赋能。

如果一个单位主要从事的是以上三种经济活动之一,我们就可以将其认定为数据业的一部分，并将其增加值纳入数据业的增加值。

以上是从理论上、从微观视角对数据业进行界定，但在实际的产业认定划分中，不太可能每年都开展大规模调查，对一个个"基层单位"去"贴牌""盖章"。因此从实践来看，还需要在传统的产业划分理论基础上，重新"分地盘""划版图"，为数据业划分出一个合理的"势力范围"。

同时，如果仅仅采用理论上的范畴，由于数据自身定义的宽泛性，会给产业核算带来不可控的麻烦。

按照其原生定义，数据包含各种符号系统。理论上可以认为，原始人画一幅岩画，小女孩写一段日记，小镇青年拍一段 vlog（视频日志），退休同志开着微信运动小程序散一次步，这些都创造了数据。

在这种情况下，会有相当大一部分的传统产业或其"基层单位"要被划入数据业，例如会计、咨询、电影、绘画、行政，甚至教育、医疗、体育等。这种情况显然与产业发展和经济社会治理的需求不匹配，也与优化国民经济核算体系的目标不协调。

因此，我们需要在认定核算数据业时，对数据的考察范畴做一个既精准又有弹性的缩减。

无论是从科学技术发展的实践，还是从人们对于数据业的感性认知来看,最符合直觉的,是将核算范围做一个"物理隔离",限定到以电子信号为介质的数据上来。比如原始人的岩画和小女孩的日记,因为没有转化为二进制的 0 和 1 信号,进而通过云、端、管、网被收集、记录、传输、处理,所以不能视为以电子信号为介质的数据。而小镇青年拍的 vlog 和退休同志的微信运动步数,则可以被视为以电子信号为介质的数据。

之所以这么做,首先是因为电子介质是数据业中最具创造性、成长性、引领性的部分;其次,电子介质的数据由于痕迹完整、易于存储、比对计算,也有较好的核算基础;最后,传统行业中生成和处理数据的业务,在信息化、电子化水平提高到一定程度后,也可以被纳入数据业的核算范围。

在这样理论和实践结合的考量下,我们的问题变成:如何在已有的三大产业体系圈内圈外再画出"一个圈",这个圈和原有三大产业体系的大圈相交,同时还有一部分游离于三大产业体系之外。相交部分,我们可以理解为从三大产业体系之中剥离出的电子数据价值化、电子数据产业化、产业电子数据化内容,而更多、更大的部分也即游离于三大产业体系之外的内容,是数据要素"加持"后新产生的数据产品和服务。

从传统产业中切割新的产业部门,已有前人做出了深入探索,这就是美国经济学家波拉特针对信息经济提出的"波拉特范式"。

波拉特主要研究的问题是：美国经济中与信息相关的部分占多大比重？

他认为，美国的劳动者可以分为信息劳动者、非信息劳动者和混合劳动者。美国的经济，则可以划分为六大部门，包括私人管理部门、私人生产部门、政府公共部门、政府生产部门、家庭经济和第一信息部门。其中第一信息部门、私人管理部门、政府公共部门属于信息部门，这三个部门中，第一信息部门的全部产出，私人管理部门和政府公共部门中信息劳动者的产出，以及混合劳动者产出中涉及信息的部分（后两项又合称第二信息部门产出）加总起来，就是信息经济的规模。

我们在宏观层面认定数据业时，可以先参照波拉特范式，将向市场提供信息产品、服务的所有行业部门，即第一信息部门首先剥离出来。它们主要是生产信息或具有发明性质的八大类行业。[①]

然后，根据信息与电子数据的定义范畴，从第一信息部门中剥离出数据部门。

第一信息部门中，不同行业的信息介质并不相同，将第一信息部门中主要涉及非电子信息的行业删去，就可以初步划分出数据业的主要部分。

[①] 马克·尤里·波拉特. 信息经济 [M]. 北京：中国展望出版社，1987：23–67，178–217.

延伸阅读

波拉特对第一信息部门的分类

生产信息和具有发明性质的行业	信息处理与传递服务业
研究开发与发明产业（民间）	非电子处理
信息服务业	电子处理
信息交流和通信产业	电信电话
教育	**信息货物业**
公共信息服务	非电子消费和中间货物
受管制的信息交流工具	非电子投资货物
不受管制的信息交流工具	电子消费和中间货物
风险管理业	电子投资货物
各种保险业	**部分政府活动**
各种金融业	政府中的一次信息服务业
投机经纪人	邮政服务
调查和协调业	地方政府
调查与非投机经纪业	**基础设施**
宣传业	信息建筑的建造和租赁
非市场协调机构	供应办公室

延伸阅读

数据业包含的主要行业分类

生产知识和具有发明性质的行业	信息处理与传递服务业
计算机服务业	电子处理
软件设计业	**信息货物业**
信息交流和通信产业	政府中的数据服务业
电子公共信息服务	电子消费和中间货物
受管制的电子信息交流工具	电子投资货物
不受管制的电子信息交流工具	部分政府活动
风险管理业	**基础设施建设**
互联网金融	数据应用平台
互联网交易	数据基础设施建造和租赁
其他互联网证券、保险活动	数据中心、数据库
调查和协调业	数据通道、数据网络
线上调查业	
网络宣传业	

这些行业都有较为成熟的核算实践，相当于从原有的行业部门中被"划拨"到数据业之中。此外，初步剥离的数据部门中，部分细分行业所处理信息既有传统介质，也有电子介质，可按照该行业的信息化比率对总产值进行切分，从而合理估计该行业中数据业的产值。

以上划定了数据价值化、数据产业化领域的产业，因此还需要补充产业数据化形成的新业态、新行业，包括政府和私人管理部门以及生产部门主要处理电子数据并拥有独立核算资料的"基层单位"。

在目前条件下，大量产业数据化的活动，如公共交通监控、金融数据分析等，由于未形成独立核算条件，在目前技术条件下难以分离，尚无法进入数据业范畴，故在认定中予以忽略。而对于部分存在公开交易的产业数据化活动，因其符合核算条件，例如征信平台的信用数据服务，则可以根据数据产品价值进行核算。值得一提的是，当前不具备统计条件的产业数据化的活动，并不意味着一直不可统计。当技术条件逐步成熟，一些没有进入数据业范畴的活动将逐步变得可区分、可剥离、可核算、可统计，我们要根据条件变化，及时将其纳入统计范畴。

总体上看，这个分类认定的过程，类似于剥洋葱，是"一层一层地剥开它的心"。

接下来，我们在已有统计分类的基础上，尝试在中国产业划分中，对数据业初步划分一个"势力范围"。

由于国家统计局出台的三次产业分类相对粗略，与数据紧密联系的只有服务业中的信息传输、软件和信息技术服务业，包括电信、广播电视和卫星传输服务，互联网和相关服务，软件和信息技术服务业等子项，无法进行更为细致的划分。因此要在中国产业划分基础上初步剥离数据业，可以考虑参考统计局的《数字经济及其核心产业统计分类》。这一目录包含数字产品制造业、数字产品服务业、数字技术应用业、数字要素驱动业、数字化效率提升业5个大类，囊括了与数字相关的所有产业部门。

根据之前的分析，我们可以初步得出，在数字经济及其核心产业统计分类中，数字产品服务业大类中的数字技术应用、信息技术服务、其他数据技术应用，以及数字要素驱动业大类中的互联网平台、信息基础设施建设、数据资源与产权交易、其他数字要素驱动业，应全额纳入数据业的认定范畴。而数字要素驱动业大类中的互联网批发零售、互联网金融、数字内容与媒体，数字化效率提升业大类中的智慧农业、智能制造、智能交通、智慧物流、数字金融、数字商贸、数字社会、数字政府、其他数字化效率提升业，应部分纳入数据业的认定范畴。

在这样一个认定标准下，我们从已有的传统产业划分中，剥离出了数据业的主要组成部分，即数据产业化、产业数据化和数据价值化，下一步，就是对不同部分分门别类核算增加值并加总，从而获取"数据业的数据"。

尝试核算数据业

数字经济发展对GDP核算的挑战是学者和统计部门共同关注的焦点。其中，最广为人知的就是索洛提出的"生产率悖论"问题，即生产率统计中无法体现技术的进步效应现象。数字经济产生的新业态和带来的产品质量的提升没有在核算中被及时监测，从而无法在产出和生产率增长中得到体现。此外，数字经济的发展使个人的一些生产活动难以被现有核算体系充分反映，模糊了消费者和生产者、耐用消费品和投资的边界，存在"未被捕获GDP"的现象。同时，数字经济的发展对价格指数编制中的质量调整问题带来挑战，从而影响了实际GDP的测算。但是，也有学者并不同意这一观点。有学者认为，数据技术带来的收入、就业、税收等方面的影响，已经通过各生产主体经济指标汇总反映在了总量中，只是由于没有关于数字经济的专门分类和统计，因而无法准确反映其影响。因为尽管数据技术带来了价格指数的质量调整及免费媒体、免费服务等领域的错误测量问题，但其规模还不足以解释GDP

和要素生产率增长放缓的原因。为了弥补数字经济统计的不足，人们开始尝试编制指数以反映数字经济的发展水平。欧盟在2014年发布了数字经济与社会指数，利用宽带接入、人力资本、互联网应用、数据技术应用和数字化公共服务程度5个维度31项二级指标对数字经济的发展进行测度。中国对数字经济指数的研究，在2017年出现了批量、突破性进展，共推出了包括中国信息通信研究院的数字经济发展指数、赛迪顾问中国数字经济发展指数、上海社科院全球数字经济竞争力指数、腾讯"互联网+"数字经济指数、财新智库等机构发布的中国数字经济指数等多个成果。这些指数在指标分类和设计上存在一定的差异，反映出人们对数字经济的理解和观察视角的不同。

接下来，我们探讨一下数据业的三个细分领域分别如何进行核算。那么，我们从生产法和收入法的角度来简单测算一下数据产业。由于核心目标是计算增加值，从生产法看，是总产出减去中间投入，从收入法看，是劳动者报酬、生产税净额、固定资本消耗以及营业盈余之和，因此，厘清数据业三个子领域的核算问题，本质上就是对不同的领域选择生产法或者收入法，然后计算相应的变量并最终得到增加值。

第一是数据价值化。这一领域主要是观测、收集、标注各种活动和资料，形成数据资产。因此数据价值化的总产出，可以用经济单位一段时期形成的数据资产的总价格来计算。关于数据资产的定价，则既可以采用第三方平台预订价、协议定价、拍卖定价等直接为资产的所有权定价，也可以依据资产使用权，通过未来现金流折现为资产估价。

数据价值化中间投入的计算，则要考虑数据价值化的成本结构。从事数据价值化活动的经济单位的成本项目主要包括数据采集许可费用、数据采集设备折旧、数据采集人工成本、数据存储成本、数据传输成本等。其中许可费用、存储成本、传输成本可认为是数据价值化厂商从其他厂商那里获得的服务，而采集设备折旧和人工成本则应作为固定资本消耗和劳动者报酬核算，不计入中间投入。因此，采用生产法计算数据价值化领域经济单位的增加值，主要是数据资产价值扣除采集许可费用、数据存储成本和数据传输成本后的结果。

第二是数据产业化。这一领域是通过加工数据资产，形成数据产品和服务，主要包含数据硬件和数据软件两部分。理论上总产出是数据产品和服务的总价值，中间投入是使用的数据资产的价值。数据产业化领域的大部分行业，本身具有相对完备的核算数据，可直接加总传统框架下该领域相关行业的增加值，计算出数据产业化的增加值。

第三是产业数据化。产业数据化的相关活动，由于与已有产业高度融合，形成的净收益和成本并不容易清晰区分。因此直接使用生产法根据产品服务总价值计算总产出，用成本项目计算中间投入难以实现。这时可以考虑参照波拉特范式对第二信息部门的核算，采用类似收入法的思路计算产业数据化的增加值。

具体来说，可将与数据生产服务相关的劳动岗位认定为"数据岗位"，测算相关产业数据化活动所消耗的各种劳动力和资本的价值（主要是人员工资收入和固定资产折旧），将之作为产业数据化的增加值。在这种情况下，除了与产业数据化活动直接相关的设备与人工成本，其他生产税净额和营业盈余仍归属于传统产业，这是对产业数据化活动创造价值的保守估计。

此外，也可考虑依托投入产出表，将数据软硬件相关行业对其他行业的投入规模作为产业数据化价值的估计值。此种方法在未对劳动岗位进行细分的情况下，可以作为替代选项使用。

在对数据价值化、数据产业化、产业数据化的增加值进行分别核算并加总后，我们就可以得到数据业的增加值，从而判定数据业对于经济增长的贡献有多少，在产业结构中占多少分量，为推动国民经济核算更为精准、产业核算更为科学提供有力的支撑，也为制定宏观经济政策提供有益的参考。[①]

接下来,我们对中国当前的数据业做一个简单的估计。

首先是数据产业化部分。我们可以参考中国信通院的统计,2020年中国数据相关产业,包括电子信息制造业、基础电信业、互联网行业、软件服务业增加值总和为7.5万亿元,同比增长5.3%,占GDP比重为7.3%。

其次是产业数据化部分。由于认定"数据岗位"或采用投入产出表估计数据行业投入规模十分复杂,我们简单采用数据业就业比重对数字化相关的传统产业规模进行劈分的办法,初步估计产业数据化的增加值规模。

按照中国信通院的统计,2020年中国与数字化相关的传统产业总规模为31.7万亿元,同比增长10.3%,占GDP比重为31.2%。目前公布的关于数据业、数字经济的最新数据为2018年数字经济就业岗位1.91亿个,同比增长11.5%,由此增长率推算2020年数字经济就业岗位为2.37亿个,按照经济规模比重简单分配,可估计出2020年数据产业化就业岗位为4 534万个,占2020年就业总人数7.5亿人的6.04%。我们将这个比例作为

[①] 当然,除了对数据价值化、数据产业化、产业数据化三个领域的增加值进行核算这一基本问题,数据业核算还面临不少新问题,甚至可能影响整个国民经济核算体系。例如数据要素报酬是否需要与劳动者报酬、营业盈余等一样专门单列?数据业作为第四产业独立的情况下,投入产出核算会发生什么变化?这些都值得在理论研究和统计实践中进一步深入探讨。

产业数据化的劈分比例，得到 2020 年产业数据化的增加值规模为 1.9 万亿元。

最后是数据价值化部分。由于数据资产价值评估相对复杂，我们简单采用数据要素市场规模作为数据价值化部分的估计值。根据工信部安全发展研究中心的统计，2020 年数据要素市场规模为 545 亿元。这个规模与数据产业化、产业数据化相比有巨大差距，一定程度上说明大量的数据要素价值还并未通过市场交易得以实现。

综合以上数据，我们可以初步估计 2020 年中国数据业增加值约为 9.45 万亿元，占 GDP 比重为 9.3%。当然，这只是一个非常粗略的估计，尤其是产业数据化部分只是简单估算，距离真实情况有较大差距，但从这一估计值也可以看出，数据业方兴未艾，却已经在经济中占据了相当可观的份额。

此外，我们还可以对数据产业化、产业数据化、数据价值化三个部分的增长率进行估算，判断哪一部分是当前数据业中最具引领性和潜力的领域，从而对未来的产业发展提供指导。由于 2020 年，涉及数字化的传统产业总规模增长率为数字直接相关产业增长率的近两倍，我们可以合理推断，在当前的数据业中，产业数据化应当是最具发展前景的部分。这一结论，也与服务业中主要服务其他产业的生产性服务业更具发展潜力类似。

展望面向"数据化大生产"的产业核算

对数据业进行核算,除了在短期对已有的产业核算体系进行修正补充,还需要面向长期的产业变革趋势,进行更为深远的前瞻性思考。

1993年,美国学者尼葛洛庞帝出版了《数字化生存》一书,在互联网还方兴未艾的时代,就已十分具有预见性地指出,现代社会将以信息技术为基础形成全新的生活方式。在数字化生存的时代,随着计算机、互联网等信息基础设施的全面覆盖,人不仅在实体世界中,也将在计算机和互联网空间中以数字化形式进行工作、生活和学习。相比于实体世界交流的物质基本单位"原子",数字世界交流的信息基本单位"比特"将成为数字化时代最重要的价值载体。

尼葛洛庞帝凭借这本书成为信息技术投资和趋势分析领域的"教父",并在1996年被《时代》杂志评为当代最重要的未来学家之一。来自中国的留学生张朝阳,在他的指引下毅然回国投身数字化浪潮,创办了中国互联网门户三巨头之一——搜狐。

尼葛洛庞帝当时提出的洞见和预言,多数在当下已经成为现实。计算机和互联网已经成为人们生活中不可缺少乃至至关重要的场景和空间,几乎每一个人在网上都有自己的各种ID、主页和社区,以虚拟或半虚拟的身份在网上进行着与现实世界交织而又迥异的生活。

那么，在数字化生存这一预言提出的 30 年后，随着技术的突飞猛进，我们能否进一步提出更富有前瞻性和想象力的预言呢？

答案当然是肯定的。

尼葛洛庞帝的预言主要集中在社交、娱乐等生活领域，那么研发、制造等生产领域呢？技术的发展和产业的实践已经昭示出光明的未来、理想的彼岸。

我们认为，在未来的数据时代，一方面，在生活领域，人们将全面以数字化的形式进行学习、社交、休闲，理论上每个人都将有多个数字化的身份、"圈子"、社区，都将有自己的数字化生活。特别是随着人工智能、虚拟现实等技术的成熟，每个人的数字化生活将进一步深化为不同形式的"元宇宙"和"小宇宙"。另一方面，在生产领域，人们以数据化的形式进行研发、制造、交易，理论上每个人、每个企业都将有多个完全数据化、虚拟化、个性化的"实验室""生产车间""交易市场"，这些数据生产主体彼此分工合作，形成协同网络，最终实现全社会范围内的数据化大生产。

如果说数字化生活普及最直接的驱动力，是以计算机为代表的信息加工设备、以互联网为代表的信息基础设施的普及和建设，为以交流"比特"为核心内容的数字化生活构建了全新的赛博空间；那么随着手机、可穿戴设备等数据获取和加工设备，数据中心、5G网络、数据湖等数据基础设施，以及神经网络、大数据、NFT（非同质化代币）、增材制造等算法和技术方案的逐渐成熟和普及，将为以加工"比特"为核心内容的数据化生产构建更具深度、更为立体和多元化的赛博空间。以"数据湖"为例，相比于仅仅能处理结构化数据的数据仓库，数据湖能够对海量的结构化数据和非结构化数据（如图片、视频等）进行一体化存储和处理，目前微软、亚马逊、阿里巴巴、华为等企业都研发了数据湖解决方案，为在硬件和软件高度集成的基础上进一步构建"全息"数据图景奠定了基础。更为完善的数据加工设备、基础设施和解决方案构成了具有更高维度的数据空间，使人们不仅可以以数字化的形式生活，还可以在实体空间制造和加工原子之前，通过"数字孪生"等技术在数据空间制造和加工对应的比特，以数据化的形式进行生产。

在产业实践中，数据化大生产已涌现出令人欣喜的萌芽。一是利用神经网络、深度学习等算法推动基于数据的研发创新，并作为"预生产"，为实体生产制定完善制造方案和流程。基于数据和算法的创新与生产，与机械、被动的实验室与厂房截然不同，它是"活"的，能够自主探索。传统的实验室与厂房往往需要研究者或工程师给出全面、详尽的实验方案或生产计划，而基于算法进行的创新只需要一个大致的标准和方向，就可能得到对人类而言匪夷所思但又准确高效的新设计、新方案。例如目前美国的几大顶级制药企业,都对图神经网络(GNN)相关的技术公司进行了投资,通过相关算法对化学分子构成和角度进行排列组合优化,进而研发新的药物配方和生产流程,类似的还有通过图神经网络重排字词实现自动写作、重排基因序列创新生物工程方案设计等。这些基于数据和算法生产出来的创新方案,又可以通过3D打印、柔性制造等技术迅速转化为实体产品。

二是通过数据空间制造个性化、定制化数据产品。数据产品理论上能以零边际成本复制,这使得仅通过数据生产形成的"比特"序列似乎难以在市场上卖出高价,但如果结合区块链加密等技术赋予数据产品在身份上的不可替代性,或者数据产品是针对个性化需求高度定制的解决方案,则虚拟的数据产品也可以获得高售价。例如2021年3月,艺术家Beeple制作的一枚数字画作所有权的NFT,在佳士得拍卖行以超过6 900万美元的竞拍价售出,为数字收藏品领域开辟了新纪元。

如果以数据化大生产为最终的宏大图景,现有的产业核算体系还需要大量的迭代升级,最基本的调整至少有三个方面:首先,应对与数据业相关的诸多新业态,例如元宇宙、NFT等进行合理定义、分类,并将其充分纳入数据业部门核算。

延伸阅读

需要进一步明确定义、分类并纳入数据业核算的部分新业态

生产知识和具有发明性质的行业	信息处理与传递服务业
算法开发和测试	云计算
增材制造与3D打印	人工智能
智能机器人设计和制造	虚拟现实
数字孪生	增强现实
基础设施	数字内容和数字创意
智算中心	元宇宙
物联网和工业互联网	**信息货物业**
数据湖	非同质化代币（NFT）
调查和协调业	私人数字货币
用户画像	数字艺术品

其次，应建立合理的数据资产价值核算方法。传统的产业核算对产业产出主要根据产品产量或服务时数进行价值计量，而数据业的产出往往具有非竞争性、非消耗性、时效性等特点，其估值不能按照数量进行简单叠加，可考虑参考固定资产等基于历史成本确定初始价值并根据时间和数据产品的使用周期进行合理

摊销。

最后，应进一步明确数据业内不同细分业态之间的投入产出关系，编制可靠的新增数据业部门及其细分行业的四大产业部门投入产出表，为核算评估数据业发展成果、制定具体产业政策提供坚实依据。

以上就是对数据业增加值核算的一个初步探讨，这一核算体系的建立，就像给产业发展地图的"新大陆"部分画上比例尺。这幅地图不仅能描绘出产业发展的大方向，还能精确地告诉我们行进了多少里、走到了哪一步、理想中的彼岸还有多远。

本章小结

本章的关键议题是"数据业如何核算"。我们在研究中发现：在数据生产者 1.0 时代，数据不断"破圈"，成为商品；在数据生产者 2.0 时代，数据成为互联网企业提升主业效率，构建竞争壁垒的终极利器；随着数据应用的深入拓展，进入数据 3.0 时代，数据演变为一种新的生产要素，数据采集能力不断提升，储存技术持续进步，传输速度与广度实现飞跃，分析效能大大提高，应用场景更为丰富……数据业已经登上历史舞台并成为主角，如何做好数据业核算也亟待破题。通过回顾和借鉴传统产业的认定和核算方法，我们把数据业概括为数据价值化、数据产业化、产业数据化三部分，并根据"波拉特范式"和实践需要对数据的考察范围做了精准可行的缩减，初步探讨了数据业的核算方法，在此基础上，面向长期产业变革趋势，对进一步优化现有核算体系进行了前瞻性思考。

第四章
冲 击
数据业的颠覆力

火，是自然界一种独特的存在。

在大多数时间里，我们看不到它的踪影。一旦条件具备，摩擦出火星，大火将席卷整片大地。大部分物质都会成为燃料，被卷入这个极速发展的风暴中，发生新的质变，释放巨大能量。

数据，就是产业、经济乃至整个社会的火。

当数据的火星不断积聚，传统世界中我们熟悉的经济、政治、社会形态和种种存在，就像是一片草原，即将被激发、点燃，释放出沉淀经年、积攒已久的惊人力量。

改写经济规律：
生产函数、全要素生产率和产业经济学的改变

生产要素是经济学中的一个基本范畴，包括人的要素、物的要素及其结合因素，是进行社会生产经营活动时所需要的各种社会资源，是维系国民经济运行及市场主体生产经营过程所必须具备的基本因素。随着生产力的进步，数据逐渐被认为是生产要素之一，会对经济的总体发展起到关键作用。[①] 数据要素不仅是所有迅速出现的数据技术的核心，而且将赋予其他生产要素更多的能量。数据给生产力发展所带来的影响，在某种意义上将超过其他几个生产要素，并可能给传统经济学的增长理论带来脱胎换骨的改造。

生产函数变量的持续拓展

经济增长理论200余年的发展史，就是经济学200多年的发展史，对经济增长与财富创造的研究始终处于经济学发展的核心位置。而对生产要素的重视，则贯穿了经济增长理论发展的

[①] 李卫东.数据要素参与分配需要处理好哪些关键问题[J].国家治理，2020（16）：46-48.

始终。

通常认为，经济增长理论的发展至少经历了三个阶段，分别是古典增长理论、新古典增长理论和内生增长理论。

古典增长理论的诞生，可以追溯到18世纪70年代，亚当·斯密将劳动和资本要素同时纳入对经济增长源泉的分析。[①]

斯密在其经典著作《国富论》中，通过对欧洲多国经济增长的考察，从劳动分工的角度指出，经济增长的根本源泉首先是劳动生产率提高，其次是劳动要素投入数量的增加。同时他认为资本是经济增长的基础，资本积累将通过影响分工与专业化，对经济增长产生重要作用。

新古典增长理论在思想上继承了古典增长理论中对要素投入的重视，并在研究方法上实现了重大突破。一方面，经济学家在重视劳动与资本要素投入的同时，对经济增长源泉的探索进一步延伸到技术创新与全要素生产率的提高。另一方面，建立不同的增长模型，从理论上解释并检验促进经济增长的动力源泉，并以生产函数的形式揭示生产要素对经济增长的贡献。

20世纪40年代，哈罗德-多马模型的出现标志着新古增长理论的诞生，他们将经济增长与资本积累联系在一起，表明一国的经济增长率等于该国的储蓄率除以资本产出比，或增长率等于

---

① 蔡继明，陈臣. 论古典学派价值理论的分野 [J]. 经济学动态，2017（6）：145-156.

储蓄率乘以资本生产率，两者是等价的。但遗憾的是，该模型并未将技术进步的因素纳入其中。

直到50年代中期，诺贝尔经济学奖得主罗伯特·索洛修正了哈里德-多马模型的生产技术假设，在资本和劳动可替代的柯布-道格拉斯生产函数的基础上，建立起新古典增长模型。该模型表明，经济增长依赖于技术要素的进步，以及劳动和资本要素投入的增加。经济增长率等于技术增长率、劳动投入增长率和资本投入增长率的加权之和。

索洛利用1909—1949年的美国数据研究表明，高达87.5%的经济增长可以归因于技术变革，这一数值又被称为"索洛剩余"。索洛认为，除劳动和资本投资贡献外，由全要素生产率带来的产业增长就是索洛剩余。

全要素生产率不仅反映生产技术水平的高低，也反映生产效率的高低，这意味着不仅可以通过技术进步来提高全要素生产率，也可以通过生产要素的重新配置，将生产要素从低生产领域配置到高生产领域来实现全要素生产率的提高。

丹尼森则详细分解了影响经济增长率的各项因素，指出1929—1982年间，美国整体经济实际增长率为年均2.9%，其中劳动和资本要素投入增长的贡献分别占32%和19%，技术进步的贡献占 42%，其余部分则来自要素配置的改进。[①]

总的来看，相对于之前的经济学理论，虽然新古典增长理论对于现实的解释力大大增强，但其难以克服的问题主要有两方面。

一方面，根据新古典增长理论，要素投入遵循边际产出递减与规模收益递减规律，各国经济最终将实现稳态均衡并走向趋同，但是这一结论无法解释一些国家经济的持续增长，以及各国增长差距的扩大。

另一方面，新古典增长理论虽然强调技术进步是经济增长的源泉，但是却将技术进步视为外生给定的，没有进一步解释技术进步的动力来自何处。

延伸阅读

> **增长理论的"新古典"观点**
>
> "正统"的经济增长理论的发展跨越了古典增长理论和新古典增长理论两个阶段。古典增长理论并不系统和完整，许多经济学家从不同侧面、不同角度对经济增长进行了分析和阐释，包括亚当·斯密的"分工促进经济增长"理论、

---

① 曼昆.宏观经济学[M].北京：北京大学出版社，2015.

> 马尔萨斯的人口理论、马克思在《资本论》中的两部门再生产理论等。另外,阿林·杨格提出的收益递增理论、熊彼特提出的创新理论等都对新古典增长理论或者说现代增长理论产生了重要而深远的影响。哈罗德和多马掀起了研究经济增长的第一波浪潮,他们的模型是一个标准的凯恩斯化的模型,其重要贡献在于试图将经济增长的长期因素整合进凯恩斯的短期分析之中,并建立一个动态理论。但哈罗德-多马增长理论除了其动态思想以外,对现代增长理论影响甚微。研究经济增长的第二波浪潮始于索洛的经典文献,索洛也因此获得了诺贝尔经济学奖。

内生增长理论虽然在形式上仍基本继承了新古典增长理论的函数设定,但是在理论内核和基本结论方面实现了令人瞩目的突破。

内生增长理论通过将内生的技术进步纳入生产函数,突破了新古典增长理论的规模报酬递减规律。内生增长理论指出,通过知识积累与溢出、研发投资、人力资本积累等,可实现内生技术进步。

延伸阅读

第一代内生增长理论

1962年，阿罗提出了"干中学"（Learning by Doing）的概念，这一概念对内生增长理论产生了深远的影响。简单地说，阿罗的"干中学"包含两层含义：首先，知识是投资的副产品，提高一个厂商的资本存量会导致其知识存量的相应增加。其次，知识是公共产品，具有"外溢效应"（spillover effect）。这一假定意味着，每一厂商的技术变化是整个经济的"干中学"决定的，进而是经济的总资本存量决定的。总之，知识的创造是投资的副产品，即干中学，知识的溢出导致了整个经济生产率的提高，即溢出效应。也就是说，从整个经济来看，生产过程因生产率的提高而表现出收益递增。1986年，罗默以阿罗的边干边学概念为基础，提出了以知识生产和知识溢出为基础的具有内生技术变化的增长模型。在罗默模型中，生产性投入的专业化知识积累是长期增长的决定性因素，它不但自身具有递增的边际生产力，而且能使资本和劳动等其他要素也产生递增收益，进而使整个经济的规模收益递增，从而保证了长期增长。

内生增长理论并没有改变新古典增长理论的基本函数形式，只是将新古典增长理论模型中的变量进一步拓展。更重要的是，内生增长理论对经济增长的研究，已逐渐从数量增长转向质量提升，必将激发一轮动力变革、质量变革、效率变革。

延伸阅读

内生增长理论的发展

罗默增长理论吸收了杨格的思想，修正了新古典增长模型中收益递减的假设，提出了收益递增的假设，这是对传统经济理论的一个重要突破。因此，这个模型的结论是收益递增在长期增长中是必不可少的，而且在这个假设下，也完全可以实现竞争性均衡。由于知识的创造是投资的副产品，不需要进行补偿，因此仍可以维持完全竞争的分析框架。于是，通过干中学和溢出效应，我们可以在完全竞争的框架下得到内生的技术进步和经济增长。在罗默的模型中，技术过程完全是内生的，技术进步是由谋求利润最大化的厂商的知识积累推动的，这与索洛等人的新古典增长理论完全不同，技术进步作为经济主体的理性选择内在地融入了增长模型。1988

> 年，卢卡斯发表的《论经济发展的机制》一文成了另一内生增长理论的另一开拓性文献。卢卡斯在吸收了舒尔茨等人关于人力资本的研究成果后，运用宇泽弘文的分析框架，提出了以人力资本为核心的内生增长模型。
>
> 罗默的增长模型是建立在产品多样性，亦即水平创新的基础上的，而阿吉翁和霍依特则建立了基于产品垂直创新的内生增长理论。在阿吉翁和霍依特的增长理论中，产品的垂直创新是增长的原动力。而这种垂直创新源自熊彼特的著名思想"创造性破坏"。熊彼特指出："开动和保持资本主义发动机运行的根本推动力，来自资本主义企业创造的新消费品、新生产方法或运输方法、新市场、新产业组织的形式。……它不断地从内部使这个经济结构革命化，不断地破坏旧结构，不断地创造新结构。这个创造性破坏的过程，就是资本主义的本质性事实。"

数据被引入生产函数后的化学反应

新古典增长理论重点分析了劳动和资本要素对经济增长的外生推动作用，其重要的理论预测是，由于要素投入的规模收益递减规律，单纯的劳动、资本要素投入数量增长，并不能维持可持续的经济增长。在缺乏技术进步的情况下，经济增长最终将停滞。

显然，在新古典增长理论中，由于土地、劳动、资本等要素的数量增长，受供给侧规模收益递减规律，以及需求侧单个产品需求有限性的约束，要素投入数量增长无法实现永续的经济增长。

尽管内生增长理论更强调知识、人力资本、技术创新是决定长期经济增长的关键，但是内生增长理论仍然没有摆脱生产要素规模收益递减规律的束缚。而数据要素的开发利用，则呈现出显著的规模收益递增性。

首先，由于数据的非竞争性、零边际成本和数据开发应用所具有的强外溢性，经济增长生产函数将摆脱规模收益递减规律的限制。同时，随着数据规模的扩大，总产出增长幅度将明显超出数据要素投入的增长幅度，这种递增收益直接促进了经济增长。[①]

其次，数据开发利用的过程本质上是一个不断产生知识的过程，不再是自然资源、土地、资本等物质资源要素的消耗过程。以人工智能为核心的数据应用，实现了更高效率地生产知识、产出更高质量的知识、更广泛地扩散和分享知识，从而促进了全要素生产率的提升，内生性地促进了经济增长。

再次，数据技术具有通用性，抑或称为多栖性。比如，数据要素与人才、资金、技术、产业等其他生产要素完美共存和深度

---

① 唐要家，唐春晖.数据要素经济增长倍增机制及治理体系[J].人文杂志，2020（11）：83-92.

融合，直接推动要素回报率实现大幅提升。特别是得益于数据要素在元宇宙以及 VR 和 AR 等新业态中的应用，消费者能够突破时空的界限，在虚拟世界中通过"无中生有"的形式进行生产、制造、实验等活动，经济活动变得更加便捷、更低成本、更有效率。众所周知，扎克伯格将其公司脸书（Facebook）改名为 Meta，并称"我们已经在数据世界中度过了相当大一部分生活——与朋友聊天、消费媒体、工作、玩游戏"。关于下一代的互联网，他说："在这个工作、学习、购物、玩耍和社交的新空间里，我们有一种与他人同在的深刻感觉。"这种突破时空局限而浑然无觉的体验，将是数据技术带给人类乃至未来最大的惊奇。

以上所述都是着眼于供给侧的分析。在需求侧，数据要素的开发利用将大大降低市场主体间的信息不对称，从而实现供给侧和需求侧更高水平的协同。例如，消费者基于数据深度挖掘产生的用户精准定位，可以获得更为个性化、定制化的产品和服务。同时消费者的搜寻成本也大幅降低，从而享受到更匹配的产品、更好的服务和更低廉的价格，消费体验全面提升，消费需求得到不断拓展。

在这一颠覆式创新之下，数据要素已经在一定范围内，摆脱了传统经济增长面临的规模收益递减规律，以及单个产品需求增长上限的约束，实现了内生的经济增长倍增效应。

数据提升全要素生产率的底层逻辑

全要素生产率的一般含义为资源开发利用的效率,也是各个要素的综合生产率。自20世纪50年代索洛提出技术进步推动全要素生产率之后,全要素生产率越来越成为宏观经济学的重要概念和分析经济增长的重要工具。

数据业的发展,重塑了经济生产、交换、消费的组织模式,成为提升全要素生产率的新引擎。依托数据业的高质量增长,企业高质量决策和创新能力、市场配置效率、生产要素集成耦合、公共治理水平将得到大幅提升。

数据促进高质量决策

现在的经济活动充满各种不可预知的情况,给资源配置带来了极大挑战。随着市场的扩展和生产规模的扩大,这种不确定性会带来非常高的决策成本。企业由于思维定式、行为惯性、路径依赖的影响,一旦对未来趋势预测失误,就会遭受更大利润损失,也就是所谓的"船大难掉头"。数据本质上是历史信息的数字化,可以帮助企业对市场总体的数据进行挖掘利用和综合分析,也就是所谓的"他山之石,可以攻玉",也可以回溯自身温故知新、以史鉴今,帮助企业找准发展规律,更好地把握规律,更好地预测市场趋势,从而做出更科学的决策,调整优化生产经营过程,提高产品供应效率,提升创新成功率,降低环境不确定性带来的影响。[①]

数据降低交易成本

信息是影响资源配置效率的重要因素，信息不对称会带来较高的交易成本，造成价格扭曲，阻碍供求的有效匹配，从而降低市场运行的效率。[②] 正如前文所述，数据要素的开发利用能够显著降低市场交易双方之间的信息不对称。借助算法的发展，市场主体通过数据模型研判其他市场主体过往经济行为数据，设计产生更多灵敏度高、穿透力强的"透视仪"，更好掌握竞争对手或者合作伙伴的行为习惯，对可能发生的投机、诈骗等行为有更加完整的甄别机制和技术解决方案，推动市场交易中的逆向选择和道德风险问题大量减少，造就更加诚信可靠的市场。

数据提升劳动生产率和资本回报率

经济增长并不是多种不同要素简单叠加的数量增长，而是劳动、资本、数据等多要素的高效率组合。这种组合从某种意义上说不仅仅是"物理反应"，更应该是"化学反应"。劳动、资本等传统有形要素通过与数据要素的组合创新，被赋能提质增效，单位劳动或资本会创造出远高于它们作为单一要素时的产出，从而带来劳动生产率和资本回报率的明显提升。

---

① Jiawei Han, Micheline Kamber, Jian Pei, 等. 数据挖掘概念与技术 [M]. 北京：机械工业出版社，2012.
② 李勇军. 基于信息不对称的政策决策分析 [J]. 行政论坛，2010（2）：47-51.

从国家层面来看,数据与其他有形要素的结合,既是国内各要素之间实现优化配置的过程,也是国与国之间资源要素禀赋再平衡的过程。传统生产要素在不同国别实现了适合自身发展的更高效率的组合,让自身比较优势得到更大程度的发挥,促进全球经济的高质量发展。数据技术在服务业的广泛应用,显著提高了服务业全行业的生产效率,有些甚至超出了制造业。例如,远程教育可以大大提高教育的生师比,从而提高教育服务供给的劳动生产率,电子安保系统可以以先进的技术设备替代日益上升的保安人力成本等。这是因为可复制的文化类、信息类服务的初始成本很高而边际成本很低。此外,数据技术的应用也使平台上的生活服务类从业者获得了较高收入。美团发布的报告显示,56.9%的从业者月收入超 6 000 元,36.1% 的从业者月收入超 9 000 元,21.2% 的从业者月收入超过 1.2 万元。[①]

数据驱动"源创新"

从第一性原理来看,以机器学习为核心的人工智能是一种引发更多发明创新的发明方法或工具,它重构了知识的生产过程,是对"发明方法"的"发明",是一种"源创新",通过创新底层逻辑的改变,进一步提升研发生产率。从实际操作来看,数据作为推动人工智能技术不断优化的重要"原料",对其进行动态投

---

① 王珍.江小娟:服务业全行业生产率显著提高,有些甚至超出了现代制造业的水平 [EB/OL].(2021-10-26). http://news.sohu.com/a/497298295_100299860.

入可以不断优化算法决策，并通过算法在其他领域的扩散、释能和应用，引发更多的后续创新，形成源源不竭的创新"链式反应"。

数据生产要素与产业组织

产业组织理论关注一个行业内不同企业间的组织或者市场关系。企业拥有的数据生产要素规模和其在信息与通信技术上的投入密切相关，这一投入与企业规模之间又相互影响，进而影响企业动态与产业组织方式。因此，对于数据生产要素与产业组织之间关系的研究，就应该首先关注不同规模企业的信息与通信技术投入。研究发现，中型企业的信息与通信技术投资回报显著低于名列《财富》世界500强的大型企业，相关投入的边际产出在2000—2006年间比以往任何时期都高，这表明企业——尤其是大型企业——对于信息与通信技术的使用效率得到了显著提升，这很有可能是规模更大、种类更加丰富的数据生产要素带来的结果。

大数据降低企业运营成本

大企业比小企业更擅长利用金融市场中的大数据来降低资本成本；另外，大型企业因为有更多的经济活动和更长的经营历史，从而产生了更多可供处理的数据。随着计算机性能的提高，丰富的数据也支持了更多的财务分析。数据分析改善了投资者的预测质量，减少了股票投资的不确定性，降低了企业的资本成本。当投资者能够处理更多的数据时,大企业的投资成本会下降得更多,从而使其规模变得更加庞大。

延伸阅读

制造业企业的数字化转型

制造业企业向用户提供的产品和服务,从物理产品变成数字化产品的转型模式,最典型的例子是车联网。今天提供车联网服务的企业很多,比如,三一重工就是工程机械行业里的先行者。十多年前,三一重工就在其产品中广泛设置了互联传感器,不仅可以提高产品运行状态诊断及主动性维修服务的效率,也能帮助加强租赁销售资产保全。

家电品牌"美的"的数字化转型主要是围绕运营数字化的,从2012年底开始的"632工程"(6个运营系统,即研发系统PLM、计划排产系统APS、供应商协同系统SRM、ERP系统、制造执行系统MES、客户管理系统CRM;3个管理系统,即财务管理系统、人力资源管理系统、报表系统BI;两个集成平台,即用户界面集成平台、数据集成平台),到最近的工业互联网和数字化灯塔工厂建设,其背后是运营

> 体系的全面数字化,而驱动力是美的组织扁平化、产销模式变化(美的叫"T+3")等一系列运营变革。美的也从这轮数字化转型里取得了显著效益,品牌地位不断攀升。

数据业带来的理论挑战

经济学的本质是成本与收益的取舍与权衡,成本与收益的权衡被进一步刻画为约束条件下的最优化。从这一层面来说,数据业所涌现出来的诸多新现象,还是可以用现有的经济理论来加以解释的。但随着数据业的发展和变革,现有的经济学理论和研究方法也面临不小的挑战。

例如,人工智能对传统的价格形成机制和资源配置方式可能产生根本性影响。未来的市场设计和定价体系很可能都是由算法来驱动的,其结构性特征更加明显。当机器学习代替人类进行经济决策时,它的效用函数是否会和人类的不一致,经济人假设是更加现实还是更不适用等问题,也会在将来逐渐显现。

而数据的增长以及机器学习方法的运用,更是对现在从样本到总体进行估计的统计推断方法,以及基于因果关系推测的经济计量方法,均构成了重大挑战。数据分析已经摆脱了抽样误差的影响,机器学习将脱离简单的方差分析和线性回归。在这一趋势下，现有的纷繁复杂的经济计量软件也可能被时代淘汰，成为历史的尘埃。

此外，由于数据的全面性和实时动态性，我们可以对微观和宏观经济变量之间的关系给出更为全面准确的经验研究，那么现有经济理论中诸如拉弗曲线、菲利普斯曲线、库兹涅茨曲线等各种基于实证结果的经验总结，都可能面临修正。

除了上述技术层面的影响之外，数据还将对经济学理论的几个重要规律产生冲击，从而带来更广泛、更深刻的变革。

一是"看不见的手"是否还存在。西方经济学认为市场经济存在一只"看不见的手"，引导着资源流向最有效率的地方。这只"看不见的手"就是市场机制，在价格机制、供求机制以及竞争机制的作用下，生产者和消费者做出对各自有利的决策。然而，由于信息不完全，生产者和消费者根据自己掌握的有限信息进行"理性决策"，往往导致市场资源错配，造成资源浪费。然而在数据时代，数据这只"看得见的手"配置资源的能力大幅增强，平台企业掌握着供求双方的大量数据，将更有机会实现资源利用效率的提升和社会福利的增加，实现商品价值的"惊险一跃"。

二是边际收益递减规律是否受影响。在农业经济和工业经济时代，边际收益递减是一个普遍存在的规律。该规律说明在技术水平不变的前提下，任何物质产品生产所投入的固定要素和可变要素之间存在一个最优的投入比例，当可变要素投入超过某一临界点时，则新增加的每一单位可变要素所获得的报酬是递减的。[1]另外，整个西方经济学建立在资源稀缺的假设之上，资源稀缺引发竞争，竞争的后果使得单位报酬递减，直到边际收益等于边际成本的均衡状态。

然而数据产品并不存在边际收益递减现象。首先，数据产品具有边际成本递减的特征。数据产品生产需要高科技的投入，因此存在较高的固定成本，但如前所述，一旦该产品生产成功，便可以非常低的成本甚至零成本进行复制。其次，数据产品的存在形式、传播载体及成本特性决定了其具有鲜明的网络外部性特征。随着用户数量的增长，额外增加一单位产品的收益是递增的。正如美国经济学家阿罗所说："信息的使用会带来不断增加的报酬。举例来说，一条技术信息能够以任意的规模在生产中加以运用。"

三是劳动收入份额的下降导致垄断的产生。数据生产要素的积聚还在一定程度上导致了"超级明星公司"的出现。信息与通信技术和包括数据在内的无形资本上的竞争优势催生了超级明星公司，这些公司具有高附加值和低劳动力份额的特点，造成产品市场集中度的显著上升，以及宏观意义上劳动收入份额的下降。也有学者提出了"数据资本"的概念，用于指代数据技术密集型企业对实现新技术价值所需投入，通过创建一个关于信息与

---

[1] 李康化，姜姗. 机器学习与文化生产变革——基于 AI 技术发展视角 [J]. 湘潭大学学报（哲学社会科学版），2020，44（1）：74-79.

通信技术相关劳动力投入的企业面板数据库进行研究发现，大多数"超级明星公司"积聚了大量数据资本，进而导致了一定程度的垄断。经济学家分析了过去三百多年的经济史中要素租金的分配方式，指出数据要素的集聚产生了大规模的租金，催生了超级明星企业，并为战略性的贸易和投资政策产生了强有力的激励。

延伸阅读

人工智能和机器学习

人工智能（artificial intelligence），英文缩写为 AI。它是研究、开发用于模拟、延伸和扩展人的智能的理论、方法、技术及应用系统的一门新的技术科学。

人工智能是计算机科学的一个分支，它企图了解智能的实质，并生产出一种新的能以与人类智能类似的方式做出反应的人造智能体系，该领域的研究包括机器人、语言识别、图像识别、自然语言处理和专家系统等。人工智能从诞生以来，理论和技术日益成熟，应用领域也不断扩大。可以设想，未来人工智能带来的科技产品，将会是人类智慧的"容器"，虽然人工智能不是人的智能，但能像人那样思考，也可能超

> 过人类智能。
>
> 而机器学习则是一门多领域交叉学科，涉及概率论、统计学、逼近论、凸分析、算法复杂度理论等多个领域。通过专门研究计算机怎样模拟或实现人类的学习行为，机器学习可以获取新的知识或技能，重新组织和调试已有的知识结构并不断改善自身的性能。它是人工智能的核心，是使计算机具有智能的根本途径。

四是无形资本投资是否能重塑经济增长方法论。西方经济学各学派在如何实现经济增长的问题上，一直争论不断，但他们认为投资主要是指固定资产投资，增长的投资需求是指"固定资本形成"。例如亚当·斯密在《国富论》中强调基础设施投资对经济增长的重要性，认为对桥梁、港口以及道路等基础设施进行投资，能够使整个社会受益。凯恩斯认为，由"三大心理规律"引起的有效需求不足，导致了经济萧条，政府应当加大公共投资力度，通过"乘数效应"实现产出倍增。哈罗德-多马模型给出的启示则是，要实现经济增长，需要提高储蓄率并转化为投资，在一定的储蓄和投资水平下，实际经济增长率由投资的回报率决定。赫希曼认为面临有限资源约束的发展中国家，应当优先进行直接生产性投资，然后投资基础设施，这样才能确保经济增长。[①] 因此，西方经济学者的研究对象，主要侧重于物质资本存量增加与经济增长之间的关系。

然而固定资产具有竞用性特征，当对该项固定资产的需求超过供给时，唯一的解决途径就是增加投资。但由于受到资本边际收益递减规律的约束，企业固定资产的投资规模无法无限制扩张，这制约了固定资产创造价值的能力。而无形资产则完全不同，具有非竞用性和边际收益递增的属性，其价值创造能力在理论上具有无限可能。

从以上可以看出，在数据时代，驱动经济增长将主要依靠不断增长的无形资产投入，这将使传统经济学面临严峻挑战，统计学和经济学需要重新审视资本投入的概念和经济增长的逻辑。

数据业对实体经济的冲击

数据，以及围绕其产生的一整套生产、流通、分配方式，在推动规模经济递增、范围经济扩大、降低交易成本以及创新突破等方面的作用极为突出。

一是规模经济随着用户数量增长而实现。在工业经济时代，企业通过将规模调整到长期平均成本最低处所对应的最优生产规

[①] 王玺，张勇.投资、基础设施与增长：关于经济发展的观点[J].中央财经大学学报，2009（3）：75-80.

模，来实现利润最大化。受到企业管理能力、企业资产存量、内部交易成本等因素的限制，随着规模的扩张，企业的长期平均成本呈现先降后升的特点，这决定了企业的规模不能无限扩张。而根据梅特卡夫法则，网络的价值是以用户数量平方的速度增长。当网络用户数量超过某一临界点后，网络价值则呈爆发式增长。可见，与工业时代通过扩大生产规模降低长期平均成本，进而实现收益最大化不同，数据时代所追求的规模经济是通过扩大网络用户规模，提高平均利润，进而实现收益最大化的。

二是长尾效应因海量个性化需求而实现。传统经济是范围经济，通过供给两种或两种以上的产品实现总成本的节约，进而提高经济效益，企业产品的相关性程度直接关系到范围经济的实现程度。在数据时代，基于海量的用户资源，平台企业除了出售那些满足大众需求的大批量、单一品种的产品和服务外，还出售那些满足"小众"需求的多品种、小批量产品和服务。平台企业能够聚集无数个卖家和买家，能够极大地扩大销售品种，有效地印证"长尾理论"。例如，亚马逊网上书店的营业收入，约一半来自畅销书，另一半则来自销量少、品类繁多的"冷门"书籍。[①]

[①] 王玺，张勇.投资、基础设施与增长：关于经济发展的观点 [J].中央财经大学学报，2009（3）：75-80.

延伸阅读

长尾理论

所谓长尾理论，是指只要产品的存储和流通渠道足够大，需求不旺或销量不佳的产品所共同占据的市场份额可以和那些少数热销产品所占据的市场份额相匹敌甚至比后者更大，即众多小市场的汇聚成可产生与主流市场相匹敌的能量。也就是说，企业的销售量不在于传统需求曲线上那个代表"畅销商品"的头部，而是那条代表"冷门商品"经常被人遗忘的长尾。举例来说，一家大型书店通常可摆放10万本书，但亚马逊网络书店的图书销售额中，有1/4来自排名10万以后的书籍。这些"冷门"书籍的销售比例正在高速成长，预估未来可占整个书市的一半。这意味着消费者在面对无限的选择时，真正想要的东西和获取渠道都出现了重大的变化，一套崭新的商业模式也跟着崛起。简而言之，长尾所涉及的冷门产品涵盖了几乎更多人的需求，有了需求后，会有更多的人意识到这种需求，从而使冷门不再冷门。

三是交易成本随信息获取的便捷化将会大幅降低。科斯认为，市场摩擦产生交易成本，包括寻找交易对象所引起的搜寻成本、为获取交易对象相关信息以及同交易对象沟通所产生的信息成本、签订合同前的议价成本以及签订合同后的监督成本。[①] 现实中的交易费用不可能为零。传统条件下，一个人的数据仅由他自己掌握并使用，那么这些数据的价值几乎可以忽略不计，效率也极低。而数据时代，大量数据集中到某个企业，或者汇总到平台企业，在算法、AI 等科技手段的支持下，获取信息变得"短平快"，交易成本将会大幅降低，市场效率得到跃升。

例如，中国物流业 95% 的经营主体为中小企业，经营模式多为单车货物运输，货源组织能力差。这种经营模式导致中国的物流行业高度碎片化，物流成本高、效率低下。具体表现为中国的物流费用占 GDP 的比重约为美国的两倍，公路货车空载率高达 40%，是美国和德国的 3~4 倍。[②] 在数据时代，互联网平台可以把企业用户和物流公司聚拢在一起，让它们建立直接联系，有效缓解了信息不对称的问题，从而大幅降低了交易成本。如贵州的"货车帮"成功地将数据、云计算和移动互联网应用到中国物

[①] Coase, R. H. The Nature of the Firm: Inf luence[J]. *Journal of Law, Economics, Organization*, 1988, 4（1）: 33-47.

[②] 王拥军. 中美物流成本对比分析 [EB/OL]. https://www.sohu.com/a/138488508_649545.

流上，将全国的货物和货车情况精准地匹配起来，大大地降低了空载率，在一定程度上解决了运力闲置浪费的难题。2016年，货车帮为社会节省燃油61亿元，减少了3 300万吨碳排放。[①]

四是"创造性毁灭"将颠覆既有的行业形态格局。熊彼特认为，当新组合间断出现的时候，具有发展特点的现象就会出现了，该新组合包括新产品、新市场、新方法、新供给、新组织。他还认为，在竞争性环境中的新组合，会打破旧组合的平衡，从而"意味着对旧组合通过竞争而加以毁灭"。[②]数据技术的广泛应用催生了新产品、新业态、新服务，这些改变了生产力和生产组织形式，都是所谓"颠覆性创新"的范畴，但同时，数据技术的扩散和持续渗透也对部分传统行业和业态产生了巨大冲击甚至颠覆。

例如，微信的普遍使用对短信业务造成了毁灭性打击。根据工信部的数据，2012年中国手机用户共发出9 000亿条短信，之后逐年下降。此外，随着电商销售市场份额的扩张，线下销售行业受到严重影响，3C类卖场、书店、服装店、超市等举步维艰，已成为明日黄花。数据要素也必然将产生类似的影响，甚至给传统产业格局带来翻天覆地的变化。

五是数据生产要素与信息摩擦。对于金融市场来说，数据生产要素是投资决策的核心参考变量，发挥了降低信息摩擦的重要

---

① 王新伟."货车帮"：用大数据改变公路物流生态[N].经济日报，2017-3-29（11）.
② 熊彼特.经济发展理论[M].北京：中国社会科学出版社，2009.

作用。计算机技术的进步使科技公司能够收集实时、精确的基本面指标，并将其出售给专业投资人士。这些数据通过降低信息获取成本而提高了金融产品中的价格信息含量，这对投资者产生了两个主要影响：一方面，当价格迅速而全面地反映未来收益时，经理人就很难有机会利用其内部信息优势获取个人交易收益；另一方面，关于基本面的数据揭示了企业当前业务的衰退趋势或在未来实现增长的机会，可以指导投资者在状况恶化时减少投资，在机会扩大时增加投资，从而提高投资效率。

随着金融科技技术的不断创新与应用，金融交易的价格信息含量总体上呈现上升趋势。根据金融资源配置的基本逻辑，随着越来越多的技术被用于处理和传输金融数据，资本确实会得到更有效的配置，从而增加社会收益。除了影响价格信息含量外，大数据分析技术还降低了贷款信用风险管理中的信号传递和信息搜索成本，减少了借贷过程中存在的信息不对称问题。

在对金融市场中的信息摩擦现象进行分析时，一些学者以P2P贷款平台为研究对象，发现了大数据分析在贷款行业中对减少信息摩擦所起到的积极作用。由于借贷过程中存在信息不对称问题，借款人会发出信号并传达有关他本人和投资项目特征的信息，而贷款人则需要搜索信用记录等信息并筛选贷款申请人。大数据、信息与通信技术、人工智能等新技术的发展改变了金融行业的基本经营方式与赢利逻辑，推动了金融行业的全面转型升级。

改写社会结构：原子化还是社会化？

中国传统思想家认为，社会结构是天、地、人、政治、经济、文化等要素的组合，对应到当代社会，则从总体上呈现出"人-社会"的框架结构。进入数据时代，数据技术将会逐步颠覆传统"人-社会"的二维社会结构，取而代之的是"人-数据-社会"的三维社会结构。在这种框架下，人与人是走向离散的原子形态，还是以更紧密的社会共同体存在，是个值得分析探讨的问题。

数据推动人的转型

数据和数据业是人的自觉创造，但可以说，世界上没有任何一种创造像数据及其衍生物一般，对人的自我意识和实践构成如此大的冲击，我们甚至可以称之为"人的自我革命"。

工业时代，简单重复的体力劳动被机器替代，并引致一批职业消亡；数据时代，人类脑力劳动将很可能被日益发展的人工智能替代，且可被替代的范围不断扩大。可以想象的是，一般的会计、翻译、柜员、司机等岗位可能逐渐消失，这一改变将是更为根本的。

数据时代，智能化生产引发就业挤出效应的同时，也产生了创造效应，催生了新的工作需要，最终呈现出的，更为准确地说，是替代效应。围绕数据的创作、操作、编程、建模、调试、体验、销售、服务等数据业工种会大量出现，在新岗位需求中，熟练使用计算机语言编程的高技能型劳动力显然比只会使用office软件的普通劳动力更具比较优势，也更受欢迎。最终一个演化趋势就是，数据业的发展扩大了数据相关技术密集型制造业与生产性服务业的就业规模，就业呈现出数据密集型特征。

以上变化，最终带来的可能是就业范围的扩大和就业结构的优化，其背后的理论支撑如下。

一是基于社会分工理论和马克思劳动理论，数据业发展增加就业总量。

数据业以数据为核心生产要素。数据技术作为重要推动力，不仅提高了社会劳动生产率，也显著提高了市场交易效率。基于社会分工理论，数据业发展通过降低交易成本和压缩时空距离，推动全球分工进一步深化，催生许多新行业和新业态，创造了新增就业机会，特别是大量数据密集型职业广泛出现。同时，超级细化的分工成为现实，人们完成从"就业"向"工作"的范式转换。更为形象的描述是工作是一种颗粒度更加精细化的就业，"工作"表现出来的，已经不再是"就业"模式下一个劳动者去承担一个岗位的全部职责，而是一个劳动者用不同技能或能力来完成一个岗位中的不同工作任务。更重要的是，因为颗粒度的精细化，"工作"不再像"就业"那样受到时空的严格限制，而具有更好的扩展性与流动性，以及更强的可交付性与可交易性。这不仅提高了社会经济效益，也更加彰显劳动者的自主性，使个体的天赋和自由得到进一步释放，人类得到自由而全面的发展。

马克思在《资本论》中指出，"虽然机器在应用它的劳动部门必然排挤工人，但是它能引起其他劳动部门就业的增加"。[1]换句话说，虽然从短期看，数据技术进步可能会摧毁一些传统就业岗位，导致一些行业和岗位出现技术性失业，但从长期看，数据技术进步会产生许多知识技能密集型任务，从而创造大量新就业岗位，如数据收集、加工、分析、研发等岗位，对高中低各类水平的劳动者都会有不同程度的需求。格雷戈里等对27个欧洲国家1999—2010年的数据研究发现，常规替代技术使得资本取代了生产中的劳动力，减少了约960万个工作岗位，而技术进步带来的产品需求溢出效应增加了约2 100万个工作岗位。整体来看，技术进步对欧洲劳动力就业有积极作用。[2]

同时，平台经济、零工经济、共享经济等新业态吸纳了被技

---

[1] 卡尔·马克思. 资本论：第一卷 [M]. 北京：人民出版社，1975：484.
[2] 王春超，丁琪芯. 智能机器人与劳动力市场研究新进展 [J]. 经济社会体制比较，2019（2）：178-188.

术替代而转岗的劳动者,扩大了就业"蓄水池",突发疫情冲击与就业市场持续增加的总量压力和结构性矛盾相叠加,2020年我国就业总体形势面临前所未有的巨大挑战。在疫情使线下活动受限的情况下,直播短视频、知识分享等领域强劲增长,百度文库知识店铺2020年上半年直接带动近100万兼职或全职的内容创业者就业。抖音平台上,2019年8月至2020年8月,共有2 097万人通过从事创作、直播、电商等工作获得收入。在生活服务领域,2020年上半年,通过美团平台获得收入的骑手总数为295.2万人,同比增长16.4%。基于共享平台的新就业形态具有较高的包容性和灵活性,不仅有助于解决重点群体的就业压力,而且有利于应对就业市场的不确定性,增加劳动者收入并帮助改善民生。

一方面,依托共享平台的新就业有涉及领域宽、包容性强的特点,市场既能提供创意策划、软件设计、在线教育等适合大学生群体的知识密集型复杂劳动岗位,也不乏外卖骑手、网约车司机、云客服等适合文化水平相对不高群体的熟练性劳动岗位,这样就为社会重点群体的就业创造了更广阔的空间和更多机会。

调研显示,滴滴平台上大约20.4%的专职司机是由于下岗、失业等从事开网约车这项工作的,41.1%来自制造业,13.6%来自交通运输业,4.9%来自钢铁、煤炭等去产能行业。2020年上半年,美团平台上的新增骑手中,来自国家建档立卡贫困户的有近 8 万人。

另一方面，平台企业可以根据市场供需变化，及时调节劳动力的供给量，促进劳动力跨业流动和减少摩擦性失业。疫情期间，美团平台的骑手工作吸纳了大量的第二、三产业从业人员，35.2% 的骑手来自工厂工人，31.4% 来自创业或自己做小生意的人员，17.8% 来自办公室职员。数据技术进步引起的就业负向效应会被长期的正面效应抵消，从而提高就业总量。

二是基于技术变革与劳动力需求理论和配第-克拉克定理，数据业发展有利于优化就业结构。

从工业革命开始，人们谈论技术进步对产业的影响，总是认为新技术在破坏旧岗位的同时，也创造更多岗位。技术进步会对就业结构、产业结构产生重要影响，而产业结构变动又与就业结构改变密切相关。但是，这个观点并不完全适用于数据技术对就业的影响。首先，新技术毁掉的岗位与创造的岗位所需的工人不是同一批。被取代、毁掉的岗位和新技术创造的岗位，分别需要不同的人力资本和技能。尽管给一部分人创造了岗位，但丢掉岗位的人未必能进入新岗位。在这个过程中，短期内会出现失业或者就业不足的问题。其次，被破坏的岗位在数量上多于新岗位，新创造的岗位质量可能更高，但在数量上不一定多于被破坏的岗位。再次，转岗后的工作比以前质量低、待遇差。

那时，我们会面对大量从传统产业被挤出的低技能劳动力，他们面临着失业和转型压力,可能会转而从事电商平台、外卖骑手等低门槛的新型服务业,服务业吸纳就业的趋势加速。随着新就业形态的快速发展,网约配送员、电商主播、在线咨询师等新职业不断涌现,备受关注。2019年和2020年,我国先后发布了三批共38种新职业,与平台经济相关的职业如数字化管理师、物联网安装调试员、无人机驾驶员、电子竞技员等占比超过一半。同时,产业结构的调整将会引起就业结构的变化,基于配第-克拉克定理可知,随着产业结构的演变、人均收入水平的提高,劳动力会逐渐向高阶产业转移。

比如,为了更好地计算和衡量品牌在体育赛事中的曝光量,赞助数据分析平台公司应运而生。数据广告技术公司GumGum在2017年推出了新技术GumGum Sports,为体育赞助价值创造出一套新的量化标准,通过电视、融媒体、社交平台,以及主流赛事等渠道,引发体育赞助领域的革命。[1]

这一革命是如何发生的呢?传统的统计工具令品牌无法得知曝光度和激活度是否精准传播至受众群,而GumGum Sports则可以将投放广告的呈现度与专有的媒体价值比例相结合,统计出广告的曝光时长、大小、清晰度、突出性、是否是观众视野内唯一的品牌等数据,再将这些数据反馈给利益相关者,以此推算出

---

[1] 破冰!高科技评估体系精确计算体育赞助价值[EB/OL].(2017-05-09).
https://www.sohu.com/a/138465733_505667.

赞助费的真正价值。在其引导作用下，传统的媒体从业者纷纷转型从事数据统计、评估等，这就是劳动力向高阶转移的典型例子。

再往后发展，劳动力大军将快速渗透到几乎所有传统以长期就业为主的行业，比如医疗健康、社会工作、娱乐及旅游业等数据业难以实现替代的领域。随着体力、脑力劳动中的大部分渐次被技术承担，学习、体验和休闲将成为未来人类生活的主题。

疏离还是凝聚？

常言说："一个篱笆三个桩，一个好汉三个帮。""一人成木，二人成林，三人成森林。"就是说，无论处于哪个社会阶段，在人生漫长而艰辛的征途中，任何人都不能仅靠自己的力量，独自走到终点。要想做事、能做事、做成事，同时不出事，必定需要广泛的人际网络和支持系统。在数据时代，每个人都可以拥有比以往任何时代的任何人更强大的拥抱世界、探知世界甚至改变世界的能力。然而，人类也可能面对一个严峻问题，伴随着数据的不断丰富和数据技术的广泛运用，我们是否也会逐渐走向自我封闭的孤岛和信息封锁的茧房，人际关系逐步疏离？这种担忧并不是危言耸听。

随着数据技术和数据业的发展，人们开始从各种共同体中被"解放"出来，而成为一种独立的个体存在。线下社会关系松弛，原生性初级社会群体开始走向衰落，而这种衰落如果无法实现向更高级的社会联组发展，个人将极大可能实现物理意义上的"自生存"，一个突出表现就是"宅文化""原子家庭"将广泛存在，并进一步达到社会原子化，个体孤独、无序、失范成为常态，部分人甚至陷入利己主义的小圈子。社会整体将出现两种典型情形：一种是社会强势群体抱团化；另一种是整个社会呈现"碎片化"状态。

进一步的，是个人与公共世界疏离。

社会初级群体衰落引致的人际关系疏离，使人们以个人角色直接面对国家，进而导致社会内部松散，组织能力差，在表达利益诉求和维护个人权益时，往往以原子化的个人去面对政府和社会。

这将导致弱势群体的利益诉求难以上达，而政府的转移支付等惠民政策也失去了下传的渠道。最先和最直接受到伤害的，是所谓的"数据难民"——力量最弱小的老人和孩子，他们将被严重边缘化，尤其是空巢老人或穷人家的孩子将无法跨越"数据鸿沟"，沦为社会演变中最大的受害者。

特别应该警惕的是，当社会走向原子化后，各种社会制约消散，人们是否会用纯粹的工具理性看待社会，道德水准是否会下降，社会是否会走向自私自利的唯我主义，这些都值得关注。

随着数据应用的门槛逐步降低，海量的多元化诉求能够得到充分表达和满足，社会意识进一步分裂，民粹泛起，统一思想、凝聚共识的难度进一步增大,"灰犀牛"事件可能对社会产生难以估摸的冲击。

另一种观点则比较乐观。这种观点认为数据时代带给我们的可能是更高层次多维联结的社会。

比如,解决数据通量、算法速度等问题后,人与人、人与物、物与物之间的连接就会被重新定义,发生深刻分化、裂变和重组。而每一次重组都是一次生产生活方式的革命。

数据技术和数据业也将以一种更高的形态把每个个体黏合在一起,联系更便利,也更紧密,构成了虚拟意义上的社会化,"社会"将可能被重新定义。这种社会结构会串点成线,推动数据要素串联各产业,发生集群式裂变。而同时,产业裂变又将进一步连线成片,推动社会结构迭代升级,以群为单位聚合连接、合片成网,最终,社会结构和产业结构纠缠式演进,共生出具有多维属性的社会形态。

随着数据业的发展,人际交往从个体之间、组织之间及个体与组织的交叉联络,演变成更加复杂多元的交往形式。每个个体的社交圈不再是标准化的基于家庭或单位建立的社交范围。由于信息传递方式、传递范围、传递速度的变化,人类交往形式在不同社会组织、地域也会发生微妙变化。每个人通过网络随时可以与世界上任何人沟通交流,将视野扩展至国际,成为世界人,人际交往范围也随之无限扩张。

第四章 冲击：数据业的颠覆力

从实现方式上看，以往人际交往中存在国别障碍、语言障碍，现在却可以通过网络服务、翻译软件将其他文字语言快速实时转换成自己需要的文字和语言，人际交往和沟通便捷高效，数据技术成了现代"罗塞塔石碑"。人们共同关注的问题越来越多，在具有差异性的同时，更多包含普适性和世界性。

同时，人际关系从"人-人"，借助数据纽带和通道，逐步演变为"人-数据-人"，突破时间和空间的限制。传统的小世界理论认为，你和任何一个陌生人之间所间隔的人不会超过6个。而现在，数据将小世界连接成了大世界。以公益众筹为例，越来越多的人通过受法律保护的公益众筹平台，支持各种活动，包含灾害重建、民间集资、创业募资等，甚至对素不相识的陌生人伸出援助之手。有了数据，相识与否已变得不再重要。

这样的场景，在元宇宙中体现得淋漓尽致。

2021年8月，元宇宙火爆全球。这一概念源于美国作家尼尔·斯蒂芬森（Neal Stephenson）于1992年出版的科幻小说《雪崩》。元宇宙的英文名称metaverse一词由meta和verse组成，meta表示超越，verse代表宇宙（universe），合起来通常表示"超越宇宙"的概念，即一个平行于现实世界运行的人造空间。在《雪崩》中，这个虚拟空间已经被生动地描绘了出来：人们只要戴上耳机和目镜，找到一个终端，就可以通过连接进入由计算机模拟的另一个三维现实，每个人都可以在这个与真实世界平行的虚拟空间中拥有自己的分身（avatar），这个分身也就是你的个人ID。在这个虚拟世界中，现实世界的所有事物都被数字化复制，人们可以在虚拟世界中做任何现实生活中的事情，比如逛街、吃饭、发虚拟朋友圈。此外，人们还可以完成真实世界里不能实现的野心，比如瞬时移动。就像前文提到的，去观澜湖打高尔夫球、去夏威夷冲浪、到伦敦喂鸽子、到亚马孙森林露营都是"一念之间"的事情，"键对键"与"面对面"融为一体。简单来说，元宇宙是一个可以映射现实世界，又独立于现实世界的虚拟空间，是"人-数据-人"内在逻辑的体现。

赋权公民也赋能社会

从以上分析来看，数据技术可以实现对公民赋权——原子化或社会化，根源在于其革命性的传播方式，即形成一个当地的、国家的、全球的信息和传播技术，以相对开放的标准和协议以及较低的进入门槛形成一对一、一对多、多对多、多对一的万网之网。

在人人都可以发声的扁平化网络上，个体不仅是信息的消费者，还是信息的生产者和提供者，它颠覆了传统大众传播模式中公民个体仅仅作为信息接收者的被动地位，使得普罗大众首次拥有了信息生产者和信息散播者的主导能力。

权力是一种影响他人行为的能力。正是借助于数据技术，意见领袖比以往拥有了更多、更大塑造社会价值和构建社会机制的权力，而近年来出现的各类网络社群，就充分体现了个体权力通过数据连接后形成的政治影响力。以往需要付出较高成本才能实现的集体行动，如今通过数据技术能够以较低成本快速实现。在这种模式下，借助于数据技术提供的公共平台，原本毫无关联的世界各地的普通民众和机构都可以在网络上相互影响，相互帮助，建立信任。即使没有管理中心和一个体系化的结构，基于数据技术的"统一思想"和"集体行动"仍然可以实现。数据力量已经具备了与军事和经济力量相当的影响力，成为话语权的关键来源。

对于社会而言，技术是中性的，权力也是如此。数据技术赋权后的个体和社会，一方面可以更加便捷地参与公共事务，实现民意的汇聚和公共利益的表达，强化公众和舆论的监督作用，另一方面也容易快速放大社会负面情绪，为敌对势力、恐怖机构和不法分子提供可乘之机。"公民不服从"一类的行动一旦被操纵或利用，将更具危险性和颠覆性，对社会稳定和国家安全带来重大的挑战。

技术影响从来都是双向的，数据技术让每个人的记录和追踪成为可能，当然还能提高社会治理效能。最终演变出的状态可能是，大家从出生就登记 DNA，所有的信用和凭证都经过基因确认，数据输送替代了现金流通，各项生命指标成了一些折线图和饼状图，个体的生物信息都发挥了身份证的作用，每个个体都是一个移动的数据库。警察只要知道嫌疑人的基础生物信息,比如指纹、脸型、虹膜等,就能通过无处不在的云、网、管、端系统,实现数据的无缝对接,从而轻松定位、及时破案,真是"天'网'恢恢,'数'而不漏"了。

数据技术还能加速信用社会的到来。当每个人的所有行为都伴随着全生命周期的数据化时,无论是购物还是考试,大家根本无法弄虚作假。一旦作假被查证,便会被记录在册,伴随终身。因此,如果每个人都能像保护眼睛那样珍惜自己的信用,真正的信用社会就即将到来。考虑到数据技术给社会带来的新挑战,可谓有其矛亦必有其盾。

改写国际关系：拥抱还是对抗？

自 20 世纪 90 年代开始，数据技术开始逐步影响现代国际关系。数据科学家维克托·迈尔-舍恩伯格在其《大数据时代》中指出："让数据主宰一切存在隐忧。"他明确地说："危险不再是隐私的泄露，而是被预知的可能性。"[①] 如今的世界正在实现舍恩伯格的预言，主宰一切的不仅是数据，还有数据的掌控者。在过去的 20 多年时间里，数据技术跨越传统的国家地理边界，在全球构建了一个互联互通的数据网络空间，这一空间成了国家间博弈的新角力场，正在重塑全球政治经济格局。国与国竞争日趋多元化和白热化，在数据技术的加持下，政治博弈、经济角力、安全渗透都已是不容忽视的新的战争形式。

政治博弈

在数据时代，数据网络空间正在成为一个越来越重要的现代政治角逐场域。一个国家借助数据技术，通过暴力、经济施压、

---

① 维克托·迈尔-舍恩伯格，肯尼思·库克耶. 大数据时代 [M]. 杭州：浙江人民出版社，2013.

颠覆、外交等手段，影响其他国家的政治构成或战略决策，利用政治手段迫使对手按自己的意志行事。因为使用的手段是非军事的，亦可以说是"舆论造势""心理引导""意识形态渗透""思想鼓动"。

随着数据技术的发展和应用，以国家为主导、多种行为主体参与、智能算法驱动、利用算力散播虚假信息的政治攻击，正在越来越多地被应用。所谓的"国家计算政治宣传"，是指政府借助算法、自动化和各类平台账号，有目的地通过操纵社交媒体发布误导性信息，并借机攻击他国的行为。新冠肺炎疫情期间，美西方国家在推特、脸书等社交媒体上大肆向中国"泼脏水"，进行针对中国的负面政治宣传这就是一种典型的"国家计算政治宣传"。

经济角力

近年来，美国频繁通过"长臂管辖"打压他国数据技术先进的头部企业，其中一个重要的原因就是看到了数据技术的巨大威力和潜力，为了维系其在经济领域的霸权地位不惜采取一切手段，目的则是试图构建新的"数据霸权"。加拿大学者艾伦·伍德曾指出，资本主义所追求的是在任何可能的地方无须借助政治统治而树立经济霸权。[1] 推而广之，数据时代，资本主义国家必定追

---

[1] 姜霁青. 艾伦·伍德对资本空间扩张的政治经济学分析及其启示 [J]. 当代世界与社会主义，2018（1）：121-127.

逐数据霸权，以此为资本主义提供多种更为高效也更为隐蔽的经济对外掠夺方式，目标国想实施穿透监管的难度进一步加大。比如，数据与跨国产业资本、金融资本等相结合形成数据帝国主义，利用对他国的平台垄断、需求垄断、创新垄断压制他国经济发展，很有可能在未来全球经济蛋糕的分配中得到更多。

安全渗透

2013年6月，"斯诺登事件"中曝光的"棱镜"计划将美国肆无忌惮窃取他国数据的行径揭露在世人面前，引发了各国政府对本国数据安全问题的广泛关注。在数据时代，对于政府而言，一旦公民的政治立场、医疗健康、生物识别等隐私数据被敌对国家或他国政府捕获，就会产生巨大的安全风险。

从技术层面来看，传统的情报活动是在信息传递过程中截获流动的信息，而数据时代的常见途径就是通过互联网到计算机硬盘、移动存储介质和数据库中获取情报，例如在硬件芯片上做手脚或在软件程序中预留"后门"等。比如，海湾战争期间，美国对伊拉克政府打印机的远程"后门"进行激活控制，就已经充分展现了数据技术的威力。

数据改变大国竞争焦点

数据技术高速发展迭代既是当今世界百年未有之大变局得以

形成的重要时代背景，也是大变局不断演进和深化的重要驱动力。从全球化进程来看，数据技术发展、跨境数据流动以及数字空间与现实空间的深度融合，意味着全球化进入了一个全新的数据全球化时代。2020年5月，美国白宫发布《美国对华战略方针》，妄称中国正在经济、价值观和国家安全观等领域对美国构成挑战，美国将在数据领域与中国抢夺主导权。我们可以理解，如果说传统意义上大国竞争的内容是争夺有限的领土和自然资源，那么在数据世界争夺的最重要的资源——数据则是无限的。数字化程度越高，接入的范围越广，数据的战略价值就越大。根据目前前沿领域的发展态势，国与国之间数据领域的竞争主要围绕几个方面展开。

一是信息科技先导权。在下一轮以5G、人工智能、量子计算为代表的数据技术竞争中，能够占据先机的国家可以依靠数据技术提升综合国力，成为国际格局变化的新动力。为此，打压和遏制竞争对手的发展势头，争夺科技领域的主导权，就必然成为大国竞争的重头戏。数据业成为财富的主要来源，技术垄断和跨越式竞争、技术标准制定权的竞争日益成为国际规则制定权的重点。这些特点对国家的领导力提出了更高的要求，如果沿用传统的地缘政治观点来理解当前的国际战略竞争，很可能使国家陷入被动局面。

信息科技革命有助于推动国家实力的增长和国家间权力的转移。从现实来看，一方面，实力原本强大的国家往往会具备更强的创新能力和应用能力，会更容易在新一轮的竞争中占据先发优势；另一方面，重大技术创新或颠覆性技术的影响也会具有不确定性，掌握了某个关键节点优势的国家很可能在某个方面打破原有的权力格局，削弱强大国家的绝对垄断优势。有报告认为，美国的传统优势反而会让美国在数据时代处于不利的地位。因此，我们可以看到数据技术如同"双刃剑"，对国家实力和权力的影响具有两面性。它既可能强化既有的垄断地位，也可能改变原有的权力获取路径。在既有实力差距的客观前提下，国家能否在科技竞争中获得更大权力，更多取决于国家的变革能力和适应能力。

二是数据经贸规则话语权。目前，数据业规则的谈判在双边、区域和全球等各层面展开。与几个世纪前大国争夺资源的竞争不同，当今国家间的竞争是对全球规则制定话语权以及贸易和技术领导地位的争夺。由于国家的实力、价值观和政策偏好不同，不同国家的政策框架难免会出现差异。以美国为例，基于强大的综合优势，美国的数字经济战略更具扩张性和攻击性，其目标是确保美国的竞争优势地位。美国主张个人数据跨境自由流动，从而利用数据业的全球领先优势主导数据流向，但同时又强调限制重要技术数据出口和特定数据领域的外国投资，遏制竞争对手，确保美国在科技领域的主导地位。欧盟则沿袭其注重社会利益的传统，认为数据保护首先是公民的基本人权，其次在区域内实施数字化单一市场战略，在国际上则以数据保护的高标准来引导建立全球数据保护规则体系。[①] 中国偏重在确保安全的基础上实现有序的数据流动，采取了数据本地化的政策，近期对互联网企业海外上市持审慎态度，便是这一立场的最好注脚。

作为数据业发展的核心一环，数据跨境流动既涉及个人隐私和数据保护，又涉及国家安全，因而它既是安全问题，也是贸易和经济问题。数据跨境流动需要在个人、经济和安全三者之间寻找平衡：过于强调安全，限制数据的跨境流动性，无疑会限制企业的技术创新能力，对经济增长不利；一味坚持自由流动，则必然会引发数据安全、国家安全和主权等方面的问题。

从这个意义出发，数据跨境流动规则的制定以及话语权归属的确定必将是一个艰难且长期的讨价还价过程，但它又是摆在人类面前的一项迫切的任务。因为只有通过国际合作与协调，让国家在制定本国政策框架的同时尽可能照顾到政策的外部性，在安全性和成长性之间寻求平衡，在国家与国家之间达成共识，数字经济的红利才能被各国最大程度地共享。

三是网络空间划分规则制定权。随着国际上特别是西方发达国家网络空间的军事化加剧，如何应对复杂严峻的网络空间安全威胁以及如何规范国家间的行为，就成为网络空间安全面

---

① 李墨丝.欧美日跨境数据流动规则的博弈与合作[J].国际贸易，2021（2）：82-88.

临的严峻挑战。尽管联合国大会从 2004 年就成立了专家组,围绕"从国际安全角度看信息和电信领域的发展"进行研究,并且在 2015 年达成了 11 条"自愿、非约束性"的负责任国家行为规范[①],但在缺乏统一国际规则约束的状况下,由于利益诉求不同,网络空间大国关系处于缺乏互信、竞争大于合作并且冲突难以管控的状态,网络空间还是处于一种相对平衡和弱稳定的状态,这也成为诱发国际冲突的潜在风险点。

延伸阅读

数据"朋友圈"能够建立吗?

近年来,美国、日本等国家和地区以区域贸易协定为抓手,积极打造数据跨境自由流动生态圈。美国主导的美墨加协定(USMCA)严格禁止例外条款和数据本地化存储要求。日本追随美国的数据自由流动步伐。欧盟更加注重网络安全和个人隐私保护,推崇"有管理的数据流动"。亚太部分国家和地区达成的相关协议均明确反对数据本地化存储,要求缔约国之间实现数据无障碍跨境流动。

---

① 黄志雄. 网络空间负责任国家行为规范:源起、影响和应对 [J]. 当代法学,2019(01):60-69.

目前，欧盟"白名单"包括加拿大等12个非欧盟国家，俄罗斯"白名单"包括澳大利亚、加拿大等23个国家，108号公约缔约国包括英国、俄罗斯等53个国家，我国均不在列。

但是，"朋友圈"也并非铁板一块。

一是数据税争端持续不断。欧委会于2018年最早提出征收数据服务税的构想，不到3年时间内已有超过20个国家开始立法，法国、意大利已正式开征数据服务税。美国互联网企业在欧盟市场占据主导地位，成为数据服务税的主要征收对象。美国认为其不符合国际税收原则，具有"歧视性"。

二是产业利益和战略分歧凸显。数据业的重要性越来越高，欧盟本土数据企业发展乏善可陈。美国互联网巨头通过兼并、收购等方式不断挤压和蚕食欧洲本土互联网企业的发展空间。同时，美国于2018年通过《云法案》，授权美国政府调取美国企业存储在欧盟服务器的数据，严重削弱欧盟对境内数据的控制权。欧盟领导人多次呼吁重视企业在美国的数据安全问题，防止对美国"过度依赖"。

> 三是价值观出现裂痕。欧盟高度重视公民隐私权保护，实施全球最严格的个人数据和隐私保护条例。"棱镜门"使欧盟感到强烈震动和威胁。推特、脸书等网络社交平台封禁特朗普的账号，直接参与政治，动摇了欧盟技术中立的价值观。欧盟各界认为，社交媒体主导的社会数据空间组织方式存在"深层弱点"，谴责"数据寡头"控制公共讨论空间。

美国联邦调查局前特工克林特·瓦茨认为，"为在政治上攻击有竞争或者敌对关系的国家或颠覆其政权，竞争对手可以利用一国网民的社交媒体信息来描绘其个人的社交网络，识别其弱点，并控制偏好，进而策划各种阴谋，其手段包括新闻推文、网页匿名评论、恶意挑衅和僵尸型社交媒体账号、虚假主题标签和推特活动等"。对于这个战场，世界上所有人都身处其中、无处可逃，必须把数字媒体等新兴媒体牢牢抓在手上，才不容易被对方改变竞争格局和走势，在"没有硝烟的战争"中把握主动权。

颠覆既有的国际关系认知

首先，数据时代，新国际身份将出现。

2020年，第56届慕尼黑安全会议的主题为"西方的缺失"，这反映了西方国家共同身份的认同在弱化。如今，德国与俄罗斯的关系甚至比德国与美国的关系更为密切。美国独立民调机构皮尤研究中心 2019 年的一项调查显示，66% 的德国人希望与俄罗斯开展更多合作，希望与美国开展更多合作的人只有 50%。[①] 西方国家之间的冲突加剧，数据能力与政治联系的相关性也越来越强。例如，中国、德国、韩国和新加坡之间政治制度不同，但是它们都被认为是高度数据化的国家。未来，人们可能更多依据数据能力判断国家的国际身份，而非依据它们的政治制度。

数据世界里，新的身份概念将随着不同领域的变化而出现。在经济领域，"发达国家"和"发展中国家"可能分别被"高数据化国家"和"低联网国家"取代。这两个概念已经出现在联合国贸易与发展会议的一份报告当中。就综合实力而言，各国可能会被分为包括中美在内的"数据产业大国"，包括德国、法国、英国、日本和印度在内的"数据产业一般大国"，被视为"中小国家"的其他国家。在某种程度上，这一分类类似于 20 世纪 60—80 年代的三个世界的分类。

其次，数据主权的概念伴随着网络主权的概念应运而生。

数据主权主要关系到经济利益，但是它同时也是网络主权的基础。随着实现数据化的国家日益增多，数据主权以及网络主权的概念将被大多数国家重视，并积极采取措施来宣示和维护。

---

① 赵荣耀. 美国人和德国人眼中不同的"美德关系" [EB/OL].（2019-12-23）. https://www.sohu.com/a/362315064_550962.

越来越多的国家都将失控的网络、数据流动视为政权安全的威胁，并努力地推广"网络国家主权"的概念。尽管目前以美国为首的国家反对网络主权的观念，但是它们也对网络攻击以及网络间谍活动极为担忧。美国前总统特朗普曾多次在国际场合，包括在联合国大会上，声称要保护美国主权。美国前国务卿蓬佩奥甚至说："只有能够保护本国数据的国家才有主权。"印度、日本和欧洲国家都正在考虑有效管理数据流动的政策，例如，设计限制数据自由流动的法规，并就网络活动的主权制定出一些规范。

欧洲目前在数据技术方面落后于中美两国。面对美国科技公司主导欧洲市场并且收集欧洲公民个人数据的现状，柏林、布鲁塞尔以及巴黎不断呼吁建立"数据主权"。由于数据业在法国GDP中所占比重不断上升，2019年，法国对脸书和谷歌等互联网公司开征3%的数据税。[①]另一些国家也将目标对准了跨国的数据公司，这些公司多数是为了逃避税收而迁居海外的美国公司。例如，以色列政府已经启动了一项立法草案，以法国的政策为参考，征收数据服务税。

---

① 阎学通.数字时代初期的中美竞争[J].徐舟，译.国际政治科学,2021,6(1):24-55.

本章小结

  本章重点分析了"数据的颠覆力"。数据被引入生产函数后,从根本上改变了全要素生产率的底层逻辑。在传统增长理论中,由于土地、劳动、资本等要素受供给侧规模收益递减规律和需求侧需求有限性的约束,无法仅靠数量实现经济永续增长。而数据要素则呈现规模收益递增性、非竞争性和效用强外溢性,使增长函数可能摆脱这一限制,由此也对传统经济学理论带来不可避免的挑战。长尾效应随着海量个性化需求而实现,交易成本大幅降低,"创造性毁灭"颠覆既有格局。数据要素改写了社会结构,它推动人的转型,改变人与社会的连接方式,造成个人与公共世界疏离,也实现了对公民赋权。数据要素还深刻影响了国际关系,大国竞争焦点转移到信息科技先导权、数据经贸规则话语权和网络空间划分主导权上。

第五章

密 钥

通往第四产业的必经之路

随着数据成为新的重要生产要素，成为基础性资源和战略性资源，数据采集、存储、流通、传输、挖掘、应用等各环节已形成了较为完整的产业体系，数据供应链和价值链也已经形成。可以可预见的是，随着数据的要素价值日益凸显，以及数据与新一代信息技术、新一轮产业变革的耦合共振、互融互促、同向发力，数据业将实现从量的积累到质的飞跃，从点的突破到面的升级，并对经济发展、社会进步、国家安全乃至全球治理等诸多方面产生重大而深远的影响。

那么问题来了，如何拨开历史的迷雾，把握住数据业这第四产业的发展规律？如何因势而谋、顺势而为，统筹发展和安全，推动数据业为我所用？这是时代交给我们的必答题。

掌握数据时代的先机

  2019年10月,党的十九届四中全会在北京召开,审议并通过了《中共中央关于坚持和完善中国特色社会主义制度 推进国家治理体系和治理能力现代化若干重大问题的决定》(以下简称《决定》)。《决定》中将数据作为生产要素、参与分配的提法是历史首次,标志着我国进入"数字经济"红利大规模释放的新时代,数据作为生产要素的价值,体现在投入、产出和分配各个阶段。

  2021年10月18日,习近平在中共中央政治局第三十四次集体学习时指出,数字经济发展速度之快、辐射范围之广、影响程度之深前所未有,正在成为重组全球要素资源、重塑全球经济结构、改变全球竞争格局的关键力量。要站在统筹中华民族伟大复兴战略全局和世界百年未有之大变局的高度,统筹国内国际两个大局、发展安全两件大事,充分发挥海量数据和丰富应用场景优势,促进数据技术与实体经济深度融合,赋能传统产业转型升级,催生新产业新业态新模式,不断做强做优做大我国数字经济。(《人民日报》2021年10月20日01版)

  很明显,这是一步先手棋,是东方大国面对一个即将到来的

第五章　密钥：通往第四产业的必经之路

新时代做出的快速反应和超前部署。在疫情防控常态化的背景下，要加快构建以国内大循环为主体、国内国际双循环相互促进的新发展格局，推动经济高质量发展，必须有一些新招和实招。不断提升对数据要素重要性的认识，推动数据要素参与价值创造和分配，就是充分融入数据时代、发挥先发优势的主动一招。

拥抱数据时代

毋庸置疑，数据已经成为驱动经济社会发展的新生产要素。从世界范围看，人类生产和生活的全领域和各环节，无时无刻不在产生数据、利用数据。数据要素市场已经初步形成，数据要素的应用场景正在加快拓展，对提高全要素生产率的作用更加凸显。可以说，我们正在加速迈向数据时代。

有一系列足以让人"眼花缭乱"的数据和例子可以拿来佐证。

比如，数据要素市场正在加速扩容。据IDC预测，全球数据总量将从2018年的33ZB（1ZB代表10万亿字节）增至2025年的175ZB。其中，我国数据总量增速最为迅猛，将从2018年的7.6ZB增至2025年的48.6ZB，占全球总量的27.8%，成为全球最大的数据圈。[①]

由数据采集、清洗、标注、交易等核心环节构成的中国数据

[①] 辰昕，刘逆，韩非池. 积极培育壮大数据产业[N]. 人民日报，2021-3-17（09）.

要素市场快速成长，规模从 2016 年的 62 亿元增长到 2019 年的 375 亿元。

又如，数据要素应用场景不断衍生拓展。当前，5G、大数据、人工智能、区块链等技术加速向各行业融合渗透，数据赋能、赋值、赋智作用日益凸显，应用场景不断拓展。在农业农村领域，车间农业、认养农业、云农场等新业态新模式方兴未艾，农业物联网、病虫害数字化防控、智能育种等新技术加快应用。

在著名的蔬菜之乡山东寿光的蔬菜小镇，云平台会收集前端传感器获取的空气、光照、土壤、环境及作物的生长数据，通过实时的智能分析，结合全国蔬菜质量标准中心发布的种植标准和农业专家的种植经验，对后续操作做出科学决策，使得传统农业一步踏入完善可靠的智慧农业时代。

在工业生产领域，我们在华晨宝马的工厂中看到的不再是枯燥乏味的流水线生产，而是使用数据化技术在虚拟世界中建立起工厂，积极应用数据孪生技术。数据孪生工厂这一与真实工厂一比一的 3D 模型，可实现多部门协同工作，极大地降低了设施、设备建设成后的调试时间与人工成本。

在我们熟悉的服务消费领域，"数据+"更是在不断激发消费市场活力，居民消费习惯加速向线上迁移。在货币金融领域，移动支付全面推进，数字人民币试点提速，金融服务中小微企业的精准性显著提升。

而在公共治理领域，数据要素在疫情监测分析、病毒溯源、防控救治、资源调配等方面发挥了重要支撑作用，数字政府建设持续推进，政府管理、恢复生产生活和社会治理加快转型。

延伸阅读

数字孪生技术的"模拟择优"

当前，人类社会认识客观世界的方法论已从"观察＋抽象＋数学"的理论推理、"假设＋实验＋归纳"的实验验证，走向基于数字孪生的"模拟择优"。所谓数字孪生世界，就是利用数据重构原子的运行轨道，打造一个无限逼近真实物理空间的数字空间。利用数字孪生技术，马斯克的SpaceX将火箭每公斤的发射成本降到了20年前的1/7。飞机、高铁、汽车、坦克等复杂装备的研制周期相当于20年前的一半。基于"物理实体＋数字孪生"的资源优化配置将成为数字经济的基本形态，这俨然已成为业界的一致判断。

数字孪生世界的意义在于，在比特的世界中构建物质世界的运行框架和体系，构建人类社会大规模协作新体系，从原子、器件、整机、建筑、城市到地球，从基因、细胞、器

> 官、人体到生物世界，都可以实现数字孪生。比如，数字孪生的心脏、飞机、建筑和城市，应用于方方面面。通过数字孪生的"模拟择优"，企业实现零成本试错。

发挥先发优势

在"十四五"规划中，"迎接数字时代"这一鲜亮语句引起了人们的广泛关注，这是顶层设计对未来的一次拥抱。毕竟，21世纪的前20年，技术变革之快、影响范围之广，让人目不暇接，未来新技术变革产生的影响和对生产生活的冲击，更加让人难以想象。

我们经常听到一些非常酷炫的名词，如第二次机器时代、新工业革命、第四次工业革命等等，某种程度上，我们似乎在接近技术变革加速发生的技术奇点，以及随之而来的生产力跃迁、经济蓬勃发展的经济奇点。

中国以超前洞察力、判断力和行动力，提出要"激活数据要素潜能，实施网络强国战略和国家大数据战略，加快建设数字经济、数字社会、数字政府"，并在加强关键数据技术创新应用、加快推动数据产业化、推进产业数据化转型等多个方面做出重要部署。这是以数据整体驱动生产方式、生活方式和治理方式变革的务实举措，如此全面布局和细致规划，放眼全球并不多见。

在"市场机制有效、微观主体有活力、宏观调控有度"理念的指导下，中国已成为全球数据要素市场发展最为活跃、最具潜力、环境最好的国家之一，数据产业化、产业数据化积极推进，价值技术更新迭代加速，初步形成了发展数据业的先发优势。

延伸阅读

> **数据要素市场化配置的基本要义**
>
> 第一层含义是让每个主体拥有平等获取和使用数据要素的机会。据有关专家测算，目前我国政府数据开放刚刚起步，全国开放数据集规模仅为美国的1/9，企业生产经营数据中来自政府的仅占7%，企业向政府和其他企业开放数据资源的意愿很低。"企-政"数据汇集，特别是"企-企"数据互通等更高层次的数据共享依赖于统一的数据大市场的形成。只有建立统一的数据要素市场，才能打破目前数据交易定价基本针对特定应用场景的做法，形成统一的数据定价标准，进而以价格机制调节数据要素在不同主体间的配置。
>
> 第二层含义是确立适当的报酬激励机制，以调动市场主

> 体产生、交换数据要素的积极性。数据要素市场的参与主体可分为数据生产者、数据控制者、使用者和交易平台等其他参与者。国家工业信息安全发展研究中心的跟踪研究显示，数据控制者、使用者之间及其与平台之间，在数据交易环节已经出现了第三方平台预定价、买卖双方协议定价、拍卖定价、按次定价等定价模式，形成了交易平台与数据卖方按比例分成、一次性交易数据所有权以及多次交易数据使用权等多种收益分配模式。相比之下，数据生产者与数据控制者之间或者说数据生产环节的利益分配实践要落后得多。关键是要坚持针对任何主体的报酬激励机制都应通过市场选择而非政府指令方式来确立，即"由市场评价贡献，按贡献决定报酬"。
>
> ——毛振华、陈静《数据要素市场化的核心》
>
> (《中国金融》2021年第12期)

从核心层技术来看，半导体设备、应用材料技术等"硬科技"的创新发展，传统硅基半导体向量子芯片的演进，将大幅提升计算机处理能力，为数据业的发展提供更强大的算力基础和更丰富的应用场景。

从应用层技术来看，云计算极大提升了算力的利用效率，大数据深刻改变数据分析的发展方向，人工智能全面提升机器的感知和学习能力，"上云用数赋智"已成为发展新经济、培育新动能、打造新场景的重要手段。[1]

目前，中国混合计算框架、实时图计算、基于人工智能的数据管理及边缘数据计算等前沿技术研发取得较大进展，人工智能芯片、深度学习算法等关键技术加快迭代更新，大规模数据平台处理规模跻身世界前列。

作为基础设施建设世界第一大国，中国在新型基础设施建设方面也进行了超前布局。数据中心等新型基础设施建设受到空前重视，数据要素市场发展的硬件条件不断完善。比如，北京、上海等地快速推进新基建行动。《北京市加快新型基础设施建设行动方案（2020—2022年）》提出，推进数据中心从存储型到计算型的供给侧结构性改革，加强存量数据中心绿色化改造。《上海市推进新型基础设施建设行动方案（2020—2022年）》提出，全市新型基础设施建设规模和创新能级迈向国际一流水平，高速、泛在、融合、智敏的高水平发展格局基本形成，5G、人工智能、工业互联网、物联网、数字孪生等新技术全面融入城市生产生活，新型基础设施成为上海经济高质量发展和城市高效治理的重要支

---

[1] 陈思锦.加快数字产业化和产业数字化——国家发展改革委创新和高技术发展司有关负责同志就《关于推进"上云用数赋智"行动培育新经济发展实施方案》答记者问[J].中国经贸导刊，2020（08）：17-18.

撑。上海 2021 年第一季度新增约 6 万台数据中心机架，带动投资超过 380 亿元。[①] 数据基础设施对数据业发展的支撑作用进一步加强。

价值释放模式不断创新

随着数据要素市场的快速壮大，数据要素价值实现手段也在持续丰富完善。

流通技术方面，数据沙箱、联邦学习、多方安全计算等创新技术能够在确保原始数据不泄露的前提下，实现合法合规的数据开放，帮助多个机构在满足用户隐私、数据安全和法规要求的同时，进行数据分析和机器学习建模。

定价模式方面，数据所有权第三方平台预定价、协议定价、拍卖定价，数据使用权会员制按次计价、实时定价等标准多元发展。收益分配方面，交易分成、保留数据增值收益权、一次交易所有权、多次交易使用权等模式日益丰富。

与此同时，产业生态的重塑将会形成强大引力场，带来旺盛需求。正向来看，工业互联网应用已覆盖 30 余个国民经济重点行业，新兴互联网企业与传统行业相互结合、彼此促进、融通发展，形成创新裂变，使得市场对数据要素的需求愈发旺盛。反之，

---

① 周玲.明年一季度前上海将新增 6 万数据中心机架，直接投资 120 亿 [EB/OL].（2020-05-07）. https://www.thepaper.cn/newsDetail_forward_7289749 .

中国拥有全球最大、最有潜力的消费市场，超大规模市场又为新技术、新产业、新业态提供了广阔发展空间。

延伸阅读

> **采煤新模式**
>
> 山西晋城智慧矿山项目中，工业互联网的头部企业工业富联（即富士康）与传统矿产项目结合，通过5G、工业人工智能、物联网等技术，解决了煤岩提前识别与采掘实时数据采集传输等行业难题，在提升采煤效率、降低地面煤矸分离造成的环境污染与资源浪费方面取得了良好效果。

然而，中国数据业的发展也有不足之处。据统计，中国企业数字化转型比例仅为25%左右，远低于欧洲的46%和美国的54%[1]，客观说明企业家数据意识还不够强，对数据的重要性还不敏感。从另外一个层面考虑，这也意味着数据要素市场还有巨大的发展潜力。

随着数据技术加快向社会经济活动各领域渗透，市场环境更

---

[1] 王晓涛.中国企业以数字化转型应对全球产业链之变[N].中国经济导报，2020-05-14（08）.

加透明,供需更加匹配,居民个性化消费需求将进一步释放。同时,贸易数据化转型将促进贸易各环节加快优化,推动更多中小微企业甚至消费者个体融入全球价值链,实现内外需联动发展。

推动数据与实体经济的黏合融通

从已有的数据业发展态势来看,数据与实体经济深度融合的趋势不会改变,只会增强。只有提升数据资源流动的活力,融合的趋势才不会被阻断。当前,政府部门间、政府与企业间的数据壁垒高企,优化收集和抓取数据的方式,实现不同行业、机构的数据串联,为数据的高效处理和分析夯实基础,是迫在眉睫的事。

同时,我们可以依托云、网、管、端等基础设施,打造具备云资源接入和数据流通一体化调度能力的新平台,可以进行智能分析,成为行业数据大脑,为政府宏观调控和企业决策提供数据动态监测和分析辅助,高效满足信息共享、部门联合、综合研判、服务保障、跟踪监督、应急处置等需求。

从微观层面来看,我们还可以编制重点行业、领域的数据使用图谱和指南,加强对企业数据管理能力的培训和指导,充分发挥数据的"黏合剂"作用,推动大中小企业融通发展。

明确数据业的游戏规则

数据是具有高度流动性的介质,数据使用如果稍有不慎,便可能产生数据保护、安全、共享等方面的麻烦。因此，制定一套行之有效的数据业规则势在必行。

首先就是确权，进一步明确数据权属。确权后，通过健全完善配套的法规制度，规范对数据所有权、使用权和收益权的保护。比如，对于公共数据的管理模式，可遵循统筹管理、统一标准、规范收集、按需共享、充分开放、依法使用、安全可控的原则。

考虑到数据的高流动性，我们还需建立完善数据安全保障体系和数据应用治理体系。从技术上解决数据安全问题，完善"数据不搬家，可用不可见"的应用机制，确保数据不会轻易被别有用心的人获取并移作他用。在完善数据监管政策方面，数据政策和立法需要与反垄断法、民法、隐私法、数据保护法、消费者权益保护法紧密结合。坚持审慎包容，对与数据要素流通相关的财政、税收、金融、投资等方面的政策进行适配优化，建立与数字化生产力相匹配的数据要素流通分配政策。

开展基于数据技术的场景建设

在中国的"放管服"改革中，多地以"互联网+政务服务"建设为抓手，以数据要素驱动政务服务流程和服务模式向便利化发展，"最多跑一次"和"一次不用跑"等情景成为常态，数字化的营商环境已是大势所趋。

以此类推，我们可以持续推进不同领域基本公共服务数字化，打造更多基于数据业的不同场景，确保公共服务更加精准高效、公平可及，满足人民群众日益增长的物质精神文化生活需要。为此，可进一步突出算法模型的普适性，促进数据要素在文化教育、辅助诊断、体育健身、养老育幼等更广泛的生活场景中得到充分应用；可进一步强化多元主体的交互性，利用算法捕捉社会需求，使企业、社会组织和居民深度参与公共服务决策，推动公共服务朝着双向沟通和多元互动的方向发展。

扩大数据规则制定的国际话语权

如前文所述，数据要素是基础性战略性资源，是未来国际竞争的"石油"，已经成为国际社会的共识，世界各国围绕数据的竞争与合作在持续深化。数据的收集、控制、发布、解读，是当今世界更为隐蔽又更具有战略意义的施加影响的方式，不同数据的构成和发布方式潜藏着不同的影响逻辑。加强数据安全合作，推进数据基础设施互联互通，积极弥合国家间的数字鸿沟，是数据业国际竞争与合作的大势。

因此，中国在数据业领域参与国际规则制定，谋求更多合作空间和更大话语权，将是在数据业的国际博弈中占据优势地位的重要手段。

首先，表现出积极履责的态度，包括践行《全球数据安全倡议》，正视数据安全风险对全球数据治理构成的新挑战，以总体国家安全观为指导，成立专门的数据监管机关，对数据跨境传输、流动的风险进行评估，确保国家数据安全。

其次，积极推进开放合作。在确保国家数据安全的基础上，坚持多边主导、多方参与、多元合作，发挥政府、国际组织、互联网企业、技术社群、民间机构以及个人等各种主体的作用，积极推进全球数据交流、开放、共享，推动制定符合我国国家利益和发展需要的跨境数据流动规则。坚持国家主权平等的国际法基本原则，以安全、公平、高效的方式促进数据依法、有序、自由跨境流动。

最后，要依托现有数字经济合作平台和自贸区建设，出台促进数据跨境流动的相关政策，更大力度推动通信服务、社交媒体、电子商务等服务贸易出口增长。比如，多边、区域、双边等路径齐头并进，积极参与跨境电子商务、跨境数据流动、数字货币、数据税等方面的国际规则构建，增强我国在这一领域的话语权。

找到数据的主人

按照一般分类方式,数据可分为个人数据、企业数据和公共数据等类型。但是数据业的快速发展为数据权属的界定带来了新挑战,大量的用户交互和交易行为发生在平台之上,为平台沉淀了大量数据,平台也在利用其积累的数据提升业务效率,获取经济收益。这类数据的权属关系模糊,但与社会利益关系重大,因此需要清晰界定数据的权属,以进一步完善数据产权制度,推动数据业健康发展。

集成电路发展进入后摩尔时代

在过去半个多世纪里,半导体行业一直遵循摩尔定律保持高速发展。摩尔定律是由英特尔创始人之一戈登·摩尔(Gordon Moore)提出来的,其内容为:当价格不变时,集成电路基础计算单元——晶体管的尺寸可以随着技术进步每隔18~24个月缩小一半,也就是说,同样大小的集成电路上可容纳的晶体管数目每隔18~24个月便会增加一倍,性能也将提升一倍。如今,晶体管尺寸已经缩小到了5nm,借助EUV光刻(极紫外光刻)等先进技术，正在向 3nm 甚至更小的尺寸演进。

先进工艺驱动集成电路计算密度提升的同时，也导致了研发成本的指数级增长和研发周期的显著拉长，5nm 工艺较 28nm 工艺的研发成本已翻了 10 倍有余，开发周期也逐渐拉长至 36 个月。因此，目前在摩尔定律下的芯片性能提升路径已逼近物理和经济成本上的极限，单纯靠工艺进步缩小晶体管尺寸来提升芯片性能的方法已经无法充分满足时代的需求，半导体行业将逐步进入后摩尔时代。

在后摩尔时代，芯片性能的提升无法再靠单纯的堆叠晶体管，而将更多地依靠系统算法优化。整个计算机产业都将从"重硬件"的观念中走出来，算法会成为新时代的主角。

延伸阅读

后摩尔时代的两个维度

在后摩尔时代，技术路线基本按照两个不同的维度继续演进。

一是"More Moore"（深度摩尔）：继续延续摩尔定律的精髓，以缩小数字集成电路的尺寸为目的，同时器件优化

> 重心兼顾性能及功耗。
>
> 二是"More than Moore"（超摩尔）：芯片性能的提升不再靠单纯的堆叠晶体管，而更多地靠电路设计以及系统算法优化；同时，借助先进封装技术，实现异质集成（heterogeneous integration），即把依靠先进工艺实现的数字芯片模块和依靠成熟工艺实现的模拟/射频等集成到一起，以提升芯片性能。

新时代的主角——算法

算法是用系统的方法描述解决问题的策略机制，可以简单理解为为了解决某个问题的固定化计算方法与步骤，即给定规范的数据输入，通过算法可以在有限时间内获得所要求的数据输出。

算法本身是中性的。不同算法的多元组合使我们可以有效利用芯片的强大计算能力实现我们需要的功能。比如在日常的交通导航场景中，手机导航 App 会调用精准搜索算法来寻找你所输入的目的地在哪儿，之后再使用规划算法寻找当前所在位置到目的地的最短路径，最后使用绘图算法将导航全程以轨迹图的形式呈现在手机屏幕上。算法在音乐播放上的应用也类似，音乐播放 App 会调用搜索算法来寻找你希望听到的歌曲，再通过解码算法将被压缩的音乐文件解码并播放。

数据时代，算法的强大能力不仅在于其简洁高效的运算步骤和策略机制，更在于其自我强化的特点。在前期，算法可以说是编程者的"工具人"，仅能按预设的策略机制对数据进行读取、计算和输出，这一过程是单向重复且非迭代的。而大数据的出现使算法可以通过机器学习进行自我迭代优化。所谓机器学习，即计算机通过模拟人类的学习行为，获取新的知识或技能，重新组织已有的知识结构以不断改善自身的过程。[①] 通俗来讲，算法的机器学习就是在海量的数据处理过程中，不断就某一特定问题进行迭代试错，以更为明确、更为简单、更为有效的新计算步骤淘汰和过滤旧计算步骤，从而实现算法能力的不断增强。

美国视频网站 YouTube 就以持续优化的视频推荐算法不断提升其用户的黏性。其视频推荐算法以用户浏览历史的偏好标签为输入，通过推荐算法从庞大的视频库中选出一组最匹配的视频为用户进行推荐，若用户没有选取该组视频进行观看，则该算法会根据用户最终的选择对计算步骤进行调整，实现算法优化。

凡事有利必有弊，算法的强大能力使其成为芯片应用以及后摩尔时代芯片性能提升最重要的"催化剂"，汇集信息、精确匹

---

① 袁梅宇. 机器学习基础——原理、算法与实践 [M]. 北京：清华大学出版社，2018.

配供给和需求不再是难事。数据流也不再被工业经济供应链体系中的巨头阻隔，中小企业通过接入平台获得直接服务消费者的机会，生产者和消费者的距离大大缩短，双方能够实现低成本的沟通和数据的高效流动。但不可忽视的是，尽管算法是中性的，但一旦被资本利用，算法的危险性也会体现出来，这一点我们将在下一节中重点阐释。

数据权属是否属于平台

算法的危险性来自纵向的自我强化和横向的无限渗透。脱离算法的数据只是冷冰冰的数字，脱离数据的算法只是一个枯燥的方法论，如同无根之木、无源之水。二者结合，才能有效提高生产力。

平台型的巨头企业之所以能够利用强大的算法技术攫取全社会的"交易剩余"，是因为用户数据均被其掌握。隐秘在用户深处的欲望、需求、情绪、情感都可能通过各类行为数据被平台洞悉，平台可借此预测个人需求，推送不同信息，引导消费转化，实施差别定价。虽然企业能够利用数据生产要素创造巨大的经济利益，然而这些利益的产生往往是以侵犯消费者隐私为代价的，消费者得到的补偿却微乎其微，这也是企业与消费者间数据产权归属矛盾的主要症结所在。部分学者指出，大数据分析技术在很大程度上都需要利用高速数据，其中比较典型的就是从移动设备中获取的点击流数据以及 GPS 定位数据。企业可以通过收集此类敏感数据进行精准的短期预测，但这同时也损害了消费者的隐私和安全利益。同时，有人还总结了多个国际咨询机构对消费者如何看待大数据的调研结果，提出数据安全和隐私问题已经在全球范围内引起了广泛的担忧，消费者们越来越关注企业的数据收集方法，特别是诸如网站 Cookies 和 GPS 追踪器等追踪技术的使用。也有学者从隐私的经济属性视角，探讨了个人信息的经济价值，以及消费者在个人数据共享和隐私之间的权衡取舍等问题，认为现实经济中的个人数据既有私人价值，也具有商业价值：一方面，数据共享可以减少市场摩擦，促进交易；另一方面，对数据商业价值的利用往往会导致私人效用的降低，有时甚至是整体社会福利的减少，具体例子包括零售市场中的价格歧视、保险和信贷市场中的数量歧视、垃圾邮件以及身份被盗用的风险等。

数据的权属主要包括所有权、占有权、使用权、支配权、收益权和处置权。有的国家已将数据的产权拓展到数据生产者的知情权、修改权和撤销权等。理论界对数据的权属有不同的界定路径。有人基于制度经济学的科斯定律认为，在交易费用为零或足够低的情况下，不管数据最初的主人是谁，数据都会流到价值最高的用途上去。通俗来说就是，"谁把数据用得好，数据就归谁"。

但这一界定路径具有极强的功利主义色彩，说服力有限。而有人则基于奥地利学派的产权理论，认为一切我们个人的生命及身体所衍生、产生的"财产",无论是言论、稿件,或是个人指纹、脸部信息,还是浏览记录、购买记录,均为个人所有,而非这些行为发生的场所或平台。该观点从自然法的角度去界定产权,逻辑显然更加清晰且过硬。或者,我们也可以如此理解,数据来源是一切可以被采集到数据的源主体,既包括自然人、法人和非法人组织等市场参与主体,也包括河流山川、商品建筑等一切客观存在。数据的所有权始终归属于其源主体。

当然,在日常生活中,为了降低交易费用,增加安全性和信任感,河流山川、房屋建筑等客观存在的数据使用权更多属于工作认真、调研扎实、详细掌握相关知识的那部分人,但是具有主观能动性的市场参与主体或者人类会"让渡"一部分个人信息使用权,如住酒店登记身份证、乘机时进行脸部识别安检等等。对方收集了个人数据,但这些数据的产权依然归属个人。

又如,超市和互联网平台出于公共安全的角度实施必要的广义的监控,超市的摄像头监控盗窃和火情,互联网平台算法监控毒品、色情和枪支交易。这也是用户"让渡"了部分个人信息使用权以换取更加安全的交易环境。

然而,使社会福利最大化的数据产权分配方式很难进行事先预测,数据经济收益与个人隐私权益间的取舍也并不能一刀切,而是应当根据具体情况进行适当安排。有经济学者提出了一个平衡企业及研究人员数据利益和个体隐私权益的模型设想,要求政策制定者首先确定需要征得用户同意方可使用的"个人可识别"的数据类型范围,并将这些个人可识别的数据置于法规监管框架中;在此基础上,兼顾隐私数据保护原则与其他诸如公共卫生、国家安全和环境保护等社会价值的平衡,当预期数据使用的收益明显大于隐私风险时,即使个体拒绝同意,也仍然认定数据的使用是合法的。仅仅由平台掌握和使用数据,既不科学,也不合理。但是实践中,广泛存在实际占有状态替代占有权,进而以占有权替代所有权,占有权决定处置权,使用权、收益权等衍生权利错位的现象。从全球来看,现有制度往往更多局限于对数据安全性和隐私性的保护,对权属问题的研究仍然缺乏深层次考虑。

怎样界定不同类型的数据权属

健全数据产权制度是保证数据业健康发展的重要前提,也是推进数据要素市场化改革的基础,是实现数据要素由市场评价贡献、按贡献决定报酬的关键。当前,数据确权原则尚不清晰,流通、共享、交易、监管等环节的制度性建设刚刚起步,数据治理缺位、越位、错位现象还时有发生。下一步,可以重点从以下几个方面推动完善数据产权制度。

首先,建立数据确权规则。开展国家层面的数据战略顶层设计,明确界定数据产权属性、权益性质,加强数据流通、分类分级、权益分配等问题的基础研究,制定适应我国国情的数据确权政策。

对于政府数据,认定为公共资源,通过立法赋予政府拥有数据的使用权、管理权和许可权等。

对于非个人商业数据,一般默认由数据生产者拥有,鼓励数据的生产、流通和增值。

对于个人数据的权属处理,如果全部由政府、平台回归个人,考虑到有海量的个体数据拥有者,势必让征集、调用数据产生巨大的交易成本,造成低效和社会福利的巨大损失。

例如,2018年5月正式生效的《欧盟通用数据保护条例》(GDPR)号称针对用户数据和隐私保护的"史上最严"法令,导致欧盟境内企业融资净额下降约26.5%,就业岗位减少5 000~30 000个。同时,个人也往往并不愿意为政府、企业或者平台收集、归纳数据的成本买单。

据此,在汇聚全社会智慧的基础上,通过听证会、征求意见会以及广泛公示,可加快探索这样一种机制:引导个人适度让渡数据管理权限给政府,成立专门的国有数据管理公司,乃至建立数据的"中央银行",集中统一储存和管理基础数据,规划和建设核心计算能力,制定和执行数据要素政策,防范和化解数据安全隐患,统筹政府数据、个人数据的统一管理规范。

其次,完善个人信息授权制度。改革个人数据采集方式,针对当前普遍采用的默示许可方式、相关告知表述晦涩冗长等问题,要求数据采集方采用单独授权、明示授权等方式对个人信息予以保护。在对用户个人数据进行脱敏处理、确保个人信息安全的基础上，支持互联网平台企业使用、开放、共享和交易经过脱密处理并经过分析加工的个人数据。

再次，要将数据产权保护纳入法律框架，构建以数据产权为核心的数据法律体系。数据产权是一种无形的、非物质的权利，因此，不同于一般的物权，数据产权也不同于知识产权的财产权属性，因为知识产权保护的客体是智力成果，是个人脑力投入的体现。数据则是依附于主体的天然存在，或者其生成过程是某项活动的副产品。比如，个人在网络搜索、娱乐过程中或者用户在设备使用过程中留下的大量数据都是无意识的结果。作为一种特殊的产权，现有的法律体系存在空白，无法将数据产权保护纳入，因此需要以法律形式予以明确。

最后，积极运用区块链等新一代信息技术推进数据确权。运用区块链、智能合约、隐私计算、数字签名等新一代信息技术，制定数据确权的实施办法和操作细则，建立数据溯源体系，确保有"据"可查。

关注数据隐忧

2021年7月，郑州下了一场前所未有的大雨，网络设施被冲垮，部分区域的人们陷入信息孤岛，政府派出了大型通信无人机，成为可覆盖50平方公里地域的空中基站，以恢复网络通信。

50平方公里看似面积很大，其实不然，以北京16 000平方公里的面积，如果发生同样情况，至少需要300架大型无人机盘旋空中。而且我们还得考虑到，无人机悬空只能维持几个小时。

这件事情引发我们深思。一个城市、一个社会、一个国家，数据化程度高固然便利、快捷、高效，但也可能带来脆弱、不可控和难以预知。对于数据业带来的各种风险隐患，我们需要未雨绸缪，提前应对。

算法对劳动者和消费者剩余的隐蔽榨取

算法与数据相伴相生，对数据的任何处理都需要依赖于算法。数据的收集需要依赖数据存储算法，数据的整理和规范需要依赖数据清洗算法，数据的分析需要依赖数据处理算法，而数据的应用则根据不同的场景依赖搜索、排名推荐、自然语言处理等算法。

第五章 密钥：通往第四产业的必经之路

只要是数据存在之处，就会有算法的身影。数据和算法的强强联合使人类以一种极具颠覆性的方式迈进数据时代。在商业场景下，算法正逐步成为政府、市场之外的第三只"无形之手"，在公共事业领域，算法也正在政府、专家之外成为影响决策的第三股力量，或独立或辅助地发挥着智慧决策的作用。

算法确实在一定程度上提升了信息匹配效率，降低了交易成本，但正如亚当·斯密所言，"知识积累带来规模递增，规模递增引发市场集中"。[①] 当各大平台所掌握的算法持续自我强化，技术的垄断优势得以确立，平台也就拥有了榨取劳动者全部剩余价值和用户全部消费者剩余的能力。前者的典型就是"困在系统里的外卖骑手"，而后者则是我们常听到的"大数据杀熟"。

在传统的马克思主义政治经济学理论中，劳动力是一种特殊的商品，他一天创造的价值同他每天的消耗全然不同。雇佣工人每天除了补偿自身劳动力价值以外，还必须额外工作若干小时，马克思称之为"剩余劳动时间"，剩余劳动时间创造的价值为"剩余价值"。从某种意义来看，资本家榨取剩余价值是一种"显性"行为，要依靠压缩劳动者待遇或者延长劳动时间来实现。但是在平台上，因为算法的存在，榨取剩余价值变得非常"隐蔽"。

---

① 亚当·斯密.国民财富的性质和原因的研究[M].郭大力，王亚南，译.北京：商务印书馆，2011.

以外卖平台为例，算法通过深度机器学习，不断优化给外卖骑手的派单路径，压缩配送时间，提升配送效率。这类算法被形象地称为"超脑"和"方舟"，充分彰显了其"无与伦比"的威力。骑手变成了被算法支配的流水线上的工人，其工作时间完全被系统支配，当算法深度学习后发现还可以压缩时间，骑手则会感觉每天任务特别繁重，时间特别紧，一丝喘息的机会都没有。

2021年7月2日，国家市场监督管理总局公布的《价格违法行为行政处罚规定（修订征求意见稿）》给出了"大数据杀熟"的定义：电子商务平台经营者利用大数据分析、算法等技术手段，根据消费者或者其他经营者的偏好、交易习惯等特征，基于成本或正当营销策略之外的因素，对同一商品或服务在同等交易条件下设置不同价格的行为。然而，也有学者认为，数据技术满足多样化需求催生了多种产品，消费者体验到的"杀熟"，在很大程度上恰恰是数据技术催生了新业务模式、产生新产品的结果。因此，对于差别定价，不能简单认定为"大数据杀熟"而加以惩罚，还需要对价格差异背后的机制有更多的分析和检查。

在数据时代，谁掌握了全民数据，谁便掌握了这项"预知"特权。特权拥有者，如社交媒体平台、电商交易平台等，会通过算法为用户持续推送它们希望用户看到的信息，以期达到提高广告精准度、提升转化率等目的，最终最大程度榨取消费者剩余。如果外卖骑手的遭遇离普通读者相对较远，那么"大数据杀熟"则是每个消费者都可能遇到的问题。当然我们知道，真正"杀熟"的，不是数据，而是算法。平台公司的算法不断优化升级，能够对每一个消费者的信息进行充分分析，最大程度了解消费者愿意为某一商品支付的最高总价格，对不同的消费者进行差别定价，从而最大限度地榨取消费者剩余。平台如同一张无形的网，生产者和消费者被裹挟、被榨取却毫无办法。

比如，某电商平台上的同样一件商品，老用户和新用户的客户端上所显示的价格不同。又如，当你急于在某个网络平台上购买飞机票时，票价却莫名其妙地上涨了。甚至平台还会获取用户的手机型号信息，对使用不同档次手机的用户进行差别报价。如央视曾报道，携程的一位用户与妻子在平台上预订同一酒店，两人手机上却显示出不同的房间价格。该用户特意找来三部手机进行测试，结果发现：价格 1 000 多元的普通手机显示的房间价格是 1 158 元；3 000 多元的中档手机显示的房间价格是 1 258 元；而价格最高的苹果手机，以携程黄金会员账号登录后，房间报价依然是 1 258 元。[1]

---

[1] 龚新语.新用户享优惠，老用户遭提价？互联网企业被曝光利用大数据杀熟，你"中招"了吗？[EB/OL].（2021-03-16）. https://baijiahao.baidu.com/s?id=1694401388196613694&wfr=spider&for=pc.

对于算法的治理也已经进入议事日程。比如2019年4月，美国参议员就提出《2019年算法问责法案》，要求企业对其人工智能工具和系统的准确性、公平性、偏见、歧视、隐私和安全性等问题进行自我审查，并将这一监管权力赋予美国联邦贸易委员会。而欧盟也在《人工智能时代：确立以人为本的欧洲人工智能战略（2018）》、《通用数据保护条例（2018）》和《人工智能道德准则（2019）》等多个文件中，强调以价值观引导人工智能技术的发展。

延伸阅读

算法为王？国家出手让算法不再"算计人"

就像抖音给你推荐"最喜欢的短视频"、今日头条给你推荐"最想看的资讯"和淘宝给你推荐"最心仪的化妆品"那样，算法的使用者能够以"上帝视角"洞悉普通用户，使公众在算法面前变得"透明"。算法一旦被滥用，可能"带来意识形态、经济发展和社会管理等方面的风险隐患"，可能对现实社会产生重大影响。牛津大学历史学博士

> 尤瓦尔·赫拉利所著的国际畅销书《未来简史》[①]之中，就有"算法统治世界"的预言。
>
> 算法作为一种技术手段，必须有正确的价值观引导。为管理好、使用好、发展好算法应用，2021年，中央网信办、中宣部等部门联合印发《关于加强互联网信息服务算法综合治理的指导意见》（以下简称《意见》），提出利用三年左右的时间，逐步建立治理机制健全、监管体系完善、算法生态规范的算法安全综合治理格局，要求防范算法滥用风险，维护网络空间传播秩序、市场秩序和社会秩序，防止利用算法干扰社会舆论、打压竞争对手、侵害网民权益等行为，防范算法滥用带来意识形态、经济发展和社会管理等方面的风险隐患。《意见》打出一套组合拳，为算法念起"紧箍咒"，让算法不再"算计人"。

数据资本的无序扩张和"赢者通吃"

在数据时代，人类生活与数据高度融合，零售、医疗、消费金融、网络支付、出行、住房、媒体、旅游、商业服务、物流等方面都已高度数据化，因此算法也"乘机而入"。每个人都被

[①] 《未来简史》的简体中文版由中信出版集团于2017年出版。——编者注

"算计"着，却浑然不觉。比如，在电商平台网购，平台会基于购买记录和浏览记录，通过算法分析为每个消费者提供"千人千面"的网购页面，尽可能地刺激消费者下单消费；在短视频平台浏览，平台会记录用户的观看偏好、刷新频率，甚至暗中调用手机麦克风窃听用户的交谈对话，为用户推荐希望关注的内容，久而久之，用户将桎梏于"信息茧房"中，平台则进行更加精准的广告投放，推动购买转化，获取经济利益。如果数据是士兵，算法就是士兵手中的长矛，算法跟随数据"攻城拔寨""过关斩将"，用户如同"人形玩偶"，被一条条"无形的线"支配、包围和操控。从缓解算法焦虑走向算法信任，依靠的不仅是算法技术本身的优化和完善，还需要政府、行业协会、企业和公众的多主体参与，在凝聚数据治理共识的基础上，加强政府数字治理能力，发挥行业协会的监督作用，鼓励公众多渠道参与，推动数字治理体系完善，确保科技更好地服务于商业创革和社会进步。

在传统产业中没有算法，但有二八法则，企业可能为满足20%的用户而获取80%的利润。但平台经济能打破二八法则，即使只有20%甚至更少的用户需求，因为算法的作用，平台也能产生集聚效应与规模效应，使庞大的长尾利基商品带来极大的收益。[1] 加之平台企业对数据的天然优先攫取，形成规模效应、

---

[1] 刘英. 平台经济容易形成赢者通吃和大到不能倒的现象 [EB/OL]. （2021-03-21）. https://www.sohu.com/a/456630680_352307.

网络效应、财富效应、指数增长效应，头部平台企业累积巨量用户极易形成垄断，通过疯狂攫取全社会的"交易剩余"，短时间即造成财富的集中及贫富的进一步分化，很快形成"赢者通吃"甚至"大到不能倒"的现象。

无论是欧美还是中国，平台企业越来越多的垄断行为也饱受争议。资本效率通过平台企业大幅提升，特别是数据资本在实践中通过填补权力空白，进而获得和行使权力，国家机器的权力也在被其穿透而失去边界。相对于金融资本，数据资本的诞生是资本力量的一次彻底进化和蜕变，这种权力的替代是隐蔽而高效的。

马克思说，资本来到世间，从头到脚每个毛孔都滴着血和肮脏的东西。这说明，资本从来都不是中性的。具体来看，数据资本造就的平台企业或许很识时务，但它们非常擅长看人下菜碟。特别是数据资本往往都经历过数轮风投和杠杆扩张，一路迎着风险走来，已不知道风险为何物，无限扩张的欲望已经深入骨髓。不扩张，股东也不会答应。它们的势力涉足打车行业，慢慢地进入金融行业、共享行业、外卖行业、生鲜行业等等。方法则是屡试不爽的老路子，先用融资手段，前期大规模投入，挤垮各种势单力薄的市场主体，温水煮青蛙，然后垄断大部分市场，最后完成收割。这样的后果是，包括出租车司机、菜农在内的社会最底层人士被进一步"割韭菜"，严重影响了政策的权威性和稳定的基本盘。

延伸阅读

数据资本在互联网领域的无序扩张

近年来，数据资本在我国互联网领域经历了一段由有序到无序的转变。2010年以来，团购大战、网约车大战、外卖大战、共享单车大战、线上教育大战、社区团购大战接连上演。

虽然内容不同，但是资本扩张的三个特点是高度一致的。一是资本的标的一致，都是互联网平台公司，无论是全能平台，还是细分领域平台。二是发展逻辑一致，最早都坐山观虎斗，然后选边站队，进而进行烧钱大战，最后击垮对手，形成寡头或者垄断，大到不能倒。三是结果一样，虽然一开始人民群众感受到了互联网带来的便利，可以实现打车比坐公交车便宜、一元钱看电影，但是到最后平台都不约而同地坐地起价、大数据杀熟，利用垄断地位侵害人民利益。

当这些互联网巨头无视底层逻辑的创新，没有承担科技创新的责任，而是急功近利，热衷于短期变现，只惦记着几捆白菜、几斤水果的流量，忘记了科技创新的星辰大海，丧

> 失了未来科技的想象空间，甚至与底层小民争利，直接冲击到弱势群体的生存，拉大社会贫富差距的时候，资本的效用由正转负，变成了无序扩张。判断的标准，就在于数据资本为谁服务。

这种趋势在全球范围正在不断发生。据国外媒体报道分析，2020年，推特、脸书等社交网络平台在美国大选前后采取一致行动，"封杀"特朗普，严密把控大选舆论走向，在阻止特朗普连任美国总统过程中发挥了重大作用，这就是资本介入政治的典型例子。

目前，各国都在加强立法执法遏制平台经济所产生的新型垄断。从我国来看，坚持平台经济反垄断和防止资本无序扩张，既是保障企业创新和健康发展的需要，也是推动整个经济社会平稳健康发展的应有之义。[1]

数据漏税和"双支柱"全球税改

对于传统产业而言，税收原则是"确保在经济活动的发生地和价值的创造地，对利润予以征税"。但是由于数据自身拥有跨

---

[1] 刘英. 平台经济容易形成赢者通吃和大到不能倒的现象[EB/OL].（2021-03-21）. https://www.sohu.com/a/456630680_352307.

国自由流动的天然特性，数据业的价值创造地与经济活动发生地往往出现了国别隔离。以我们熟悉的社交网络为例，假设境外社交网络平台搭建社交软件供境内用户使用，并根据境内用户的使用数据设置精准广告位，面向境外广告商销售，根据传统税收原则，一切现金流都是在境外发生的，税收将全部由境外国家收取。

但从实质来看，境内用户的使用行为数据才是平台价值的创造来源，境内是社交网络平台实际的价值创造地，平台却无须对境内交税，变相实现了漏税。随着数据业的不断蓬勃发展，以苹果、谷歌为代表的跨国平台巨头对各国的税基都产生了不同程度的侵蚀，数据漏税的问题得到各国政府的广泛关注，目前已有30多个国家通过不同形式征收数据税。[1]

本书第四章曾提到法国对脸书和谷歌等互联网公司开征3%的数据税，可以说，数据税的征收是数据时代难以避免的趋势。中国政府应当积极参与重构数据时代的国际税收新体系，包括各国数据税收利益的划分规则、新的关联关系规则以及各国间的重复征税和税收纠纷解决机制，在全球数据税务治理中占据更为有利的位置。

2021年以来，双支柱和全球最低税经常成为媒体报道的热

---

[1] 周文，韩文龙. 平台经济发展再审视：垄断与数字税新挑战[J]. 中国社会科学，2021（3）：103-118，206.

门词汇。其中的一个重要的背景就是由于数据业的大发展，依托互联网和信息技术，企业不需要在市场国设立常设机构就能通过跨境交易赚取利润，造成市场国的税基被侵蚀。

根据 OECD 于 2021 年 7 月发表的声明，双支柱方案是以重新分配大型跨国企业利润的征税权和设置全球最低税率为两大支柱。支柱一，向市场国分配大型跨国企业剩余利润的征税权。根据目前的方案，全球年营业收入超过 200 亿欧元且利润率超过 10% 的大型跨国企业拿出剩余利润率的 20%~30% 重新分配到市场国缴税，同时市场国承诺放弃数字服务税等单边征税措施。支柱二，建立全球最低企业税率，解决跨国企业利润转移和全球企业税率逐底竞争问题。根据目前的方案，全球年营业收入达 7.5 亿欧元以上的大型跨国企业需要至少达到 15% 的税负，低于该税负水平的部分将被补征税款。

跨境泄露

在数据跨境泄露风险高企的背景下，把数据安全作为总体国家安全观的重要组成部分显得尤为重要。如何加强数据安全监管的制度建设，加大对重要数据涉外提供的审查力度，是摆在政府面前的崭新课题。

延伸阅读

数据保护与数据安全分级分类

关于数据保护,数据安全分级分类是否可行?举一大一小两个例子。

"一小"强调要保护与个人或者企业数字身份相关的数据。比如,一般讲的隐私保护,实际上是指保护个人实名信息,如姓名、身份证号、银行卡号、手机、住址、位置信息,这些与个人数据身份相关。从非结构化的数据或场景数据的角度来看,这是一个非常小的数据集,但是极其重要,需要保护。银行还不被允许充分使用这些数据集。

"一大"强调的是全样本数据的重要性。全样本数据和抽样数据的重要性是不同的。比如,滴滴打车可能并不涉及单个的核心数据、敏感数据,如果只涉及一两百万的抽样数据可能也不重要,但是如果它涉及5亿、10亿的全样本数据,便会显得极其重要,甚至涉及国家安全。

——钟伟《新经济时代的数据治理与反垄断》

数据黑市

我们经常会碰到这样那样的情况，比如：手机突然收到一条信息，某个房地产商无端给你推荐了楼盘，并邀约你去看房；又或者你正在忙工作，来了一个骚扰电话，给你推荐产品。这时，你不禁想问，自己的手机号码是怎么流传出去的？

答案很简单，数据的黑市交易。你曾经在某个场合、某个App上登记的手机号码，用来注册、登录、收取验证码，都被记录下来，并被拿到场外交易。

当前，我国已建立80余个数据交易所或数据交易平台，但大量处于停运或半停运状态，超过一半的数据交易平台年流量低于50笔，场内数据交易仅占数据市场总规模的4%，大量数据需求都通过场外数据"灰市"甚至"黑市"完成交易。

据部分数据交易所反映，由于没有统一的数据要素市场交易规则和有效定价机制等，每个交易所都只是独立的小市场，阻碍规模化发展，服务能力不足，缺乏公信力。然而场外黑市发展却十分繁荣，与之形成鲜明对比。

因此，系统梳理总结目前80多家数据交易所和交易平台建设发展的经验教训，对所有权和使用权分离、"数据不搬家，可用不可见"等机制进行探索，让数据交易回归场内，形成市场定价机制，也是当务之急。

让数据动起来

数据本身具有商品和工具的双重性质。正如恩格斯所言,"商品是通过交换进入社会消费的私人物品",交易流动是其天然的内在属性。在数据时代,只有在数据"动起来"的条件下,我们才能去谈如何发挥数据作为商品的价值。

要让数据动起来,关键还得"开好门""铺好路""分好饼",通过开放共享、交易流动、建立收益分配制度等方式拓展数据要素配置的范围和边界,打破"数据孤岛",促进数据要素"聚通用",更大范围、更深程度地释放数据要素的潜在价值。

开好门:推动数据开放共享

在社会数据体系中,公共部门因其承担发展规划、社会治理和公共服务的职能,往往掌握大量高价值数据。在合法安全的前提下,推动数据开放共享能打破公共部门和私人部门的信息壁垒,消除数据孤岛,提高社会数据供给能力,提高社会运行效率,激发社会创新活力。

欧美发达国家在科学数据管理和开放共享方面有一些现成经

验，比如建设一批国家级的数据中心或高水平数据库。如美国国立生物信息技术中心建立和维护的基因银行（GenBank），收录了全球所有已知核酸和蛋白质序列及其文献和生物学注释数据，为美国基因科学领跑全球提供了强有力的数据支撑。

目前，中国在公共部门数据的开放共享方面已做出一些制度性探索，如国家层面制定的《促进大数据发展行动纲要》《科学数据管理办法》等和部分地方政府制定的"政府数据共享开放条例"等，未来可以在国家公共数据体系、公共部门数据整合以及政企数据资源共享等方面进一步加大步伐，推动数据的开放共享。

在实际行动上，有必要建立健全国家公共数据资源体系。包括健全数据资源目录和责任清单制度，提升国家数据共享交换平台功能，深化国家人口、法人、空间地理等基础信息资源共享利用，推进数据跨部门、跨层级、跨地区汇聚融合和深度利用。

与此同时，要不断扩大基础公共数据安全有序开放，探索将公共数据服务纳入公共服务体系，构建统一的国家公共数据开放平台和开发利用端口，优先推动企业登记监管、卫生、交通、气象等高价值数据集向社会开放。

在这一点上，可以通过开展政府数据授权运营试点，引入第三方深化对公共数据的挖掘利用。

比如，在北京、上海、广州、深圳、济南等多地，患者下载一个当地的医疗健康App，就可以用手机在线挂号。更方便的是，有的地方还实现了检查报告和影像资料在医院之间在线调取。"一站式"服务背后的关键是企业获得政府的数据运营授权,将多家医院的全量数据进行抓取,形成集中"数据池",从而实现了真正的"一码通"医疗服务。

政府部门间公共服务数据的整合共享也很重要。近年来,各部门不断加大力度向全国政务信息共享交换平台发布共享数据、提供数据接口,加快形成全国统一的数据共享平台体系。这样的话,政府数据采集、质量控制和安全保障的标准能够确定,政府部门数据共享的标准化水平也会相应提高。

铺好路:促进数据交易流通

数据流通是指在数据提供方和数据需求方之间按照一定规则进行的转移数据行为。无论是共享还是交易,流通使数据从产生端转移至应用端,优化了资源配置,正在成为释放数据价值的重要环节。针对数据生产要素的隐私与权益问题,一些学者试图通过设计数据生产要素的交易机制来提升社会的总体福利水平,探讨了两种极端化的数据交易模式对经济福利的影响。第一种名为"为隐私付费"的模式将数据初始产权交给了企业,要求消费者在购买产品或服务时支付一笔额外的费用来保证其数据不被收集和挖掘并用作广告用途。第二种名为"私人数据经济"的模式将数据产权放还消费者,在该模式中,数据收集企业需要直接向个人购买数据。两种模式都促进了隐私数据向可交易产品的转化，但同时也可能产生或加剧隐私数据获取的不平等，并进一步导致掠夺或歧视性行为的发生。

培育壮大数据市场主体，完善数据要素交易规则，健全数据资源估值定价办法，对确保数据流通交易高效便捷，扩大数据要素流通交易规模具有重要意义。当前，应以规范市场准入、明确交易规则、强化场景建设和推进包容审慎监管为重点，推进数据交易流通阳光化、规范化和常态化。

一是建立数据市场准入制度。深化数据领域"放管服"改革，破除各种不合理的准入技术限制和制度性隐形壁垒，对从事数据交易的平台实行持牌管理，探索建立正面引导清单、负面禁止清单和第三方机构认证评级相结合的数据市场准入管理制度。积极培育数据要素市场主体，支持数据交易所建设，培育数据经纪商，营造更高效率、更加专业的数据交易环境。

二是制定数据交易规则。研究具有中国特色的数据交易规则，创新数据资产估值、数据交易定价和数据成本收益计量等办法。特别是要考虑到所有权在数据交易中的主导性减弱这一特点，把规范数据来源、交易主体、使用目的和范围、使用时间、交易过程、平台安全保障等摆在重要位置进行考量，确保交易合规合法，有据可查。同时，完善数据清洗、数据挖掘、产权界定、价格评估、流转交易、担保、保险等配套服务体系。

三是加强场景建设。在部分行业领域率先推进基于5G、区块链等新一代信息技术的规模化数据交易，建立政府部门、行业协会、平台企业、金融机构等共同参与的数据应用场景建设机制。比如天津国际生物医药联合研究院与书生云公司联合搭建了医药大数据交易流通平台，通过分布式安全存储系统对区块链赋能数据交易进行了有益的尝试探索。此外，可以在新型智慧城市、工业互联网等主要领域建立数据资产化的标准应用场景。通过制定重点领域数据资产化操作指引，支持企业在不同场景下将自身数据资产化，支持平台企业发布数据交易标准。

四是完善数据跨境流通治理。加快融入全球数据治理体系，积极参与数据跨境流通相关国际规则制定，积极加入网络安全、数据保护、打击网络犯罪等多边双边协议，完善数据跨境贸易规则，建立数据流通"朋友圈"。

目前，数据业较为发达的美国和欧盟均已在相关跨国贸易协定中明确加入了数据流通的内容，比如《加拿大-欧盟综合经济与贸易协定》(CETA)对数据流通制定了负面清单，而《全面与进步跨太平洋伙伴关系协定》(CPTPP)则涵盖了更为丰富的内容，如电子认证和电子签名数据、计算设施的位置数据、未经请求的商业电子数据、源代码数据以及对应的争端解决条款，体现了对数据跨境流通治理的高度重视。

分好饼：完善数据收益分配

数据要素如何分配收益，应该重点考量市场评价贡献，以及按贡献决定报酬的机制，确保参与数据要素全生命周期配置过程中的各类市场主体能够按照其贡献，获得合理的收益，提高各市场主体参与价值创造、运用数据创造财富的积极性，促使数据要素价值充分涌流。

首先，建立数据要素收益初次分配机制。一是强化数据的生产要素和资源资产属性，完善数据要素市场价格形成机制。在明确产权的基础上，减少制约数据收益初次分配的非市场性制度障碍，健全数据资产价值评估制度，提升数据要素收益初次分配效率。二是创新数据要素价值市场化的实现方式，用获得相应的数据要素收益向数据所有者支付合理的报酬。探索数据所有者通过数据资源入股，或由数据银行托管等市场化方式，向数据需求者授权转让数据，收取合理费用。三是探索建立数据全生命周期各利益主体自愿谈判机制，通过自愿的双（多）方协商，确定数据要素收益初次分配份额。可借鉴国际经验，拟定相关法律，要求谷歌、脸书等科技公司向个体内容创作者、内容生产商等提供的数据内容付费，或者由政府出面或推动第三方机构（如消费者协会等）代表众多数据生产主体与科技公司进行谈判，确定合理的价格。

其次，加快建立和完善涉数据要素的税收制度。积极探索建立数据财政制度，试点运用数据税（又称数据服务税）等财税工具，完善数据要素收入再分配政策体系，促使数据要素再分配更加公平。有专家认为，数据税将是数据时代市场秩序规则建设的重要一环[1]，也是全球数据跨境流动趋势下维护国家主权与财税安全的必要举措[2]。

再次，形成公共数据开放收益合理分享机制。借鉴国有矿产资源、经营性国有资产出让收益分配机制，可选择部分领域、部分行业的公共数据，探索运用市场化交易机制，建立反映公共数据供求关系和使用价值的价格形成机制，获得更多的公共数据市场化交易收益，形成"数据出让收入"，并将其纳入财政预算体系，按照法定程序接受监督统筹使用。

最后，健全数据普惠机制和兜底保障机制。引导数据密集型企业关注社会责任，针对部分受数据技术冲击较大的"数据难民"群体，如没有触网用数的老人、残疾人、儿童等，加强数据普惠工作，确保数据经济发展收益为全民共享。借鉴芬兰等国的经验，试点推进全民基本收入制度，以应对数据领域收入分配失衡带来的挑战。补齐数据公共服务供给短板，保障低收入人群数据权益，同时确保下一代的数据机会均等，避免"数字鸿沟"长期固化。

---

[1] 邓伟.数据课税理论与制度选择[J].税务研究，2021（1）：47-53.
[2] 王玥，王飒飒.对我国数据跨境流动规制的一点思考[J].中国信息安全，2016（3）：79-80.

延伸阅读

帮助老年人跨过"数字鸿沟"

中国互联网络信息中心发布的第46次《中国互联网络发展状况统计报告》显示,截至2020年6月,我国60岁以上的网民数量仅有约0.97亿人。这意味着,我国还有许多老年人仍处于互联网之外。随着越来越多的社会公共服务被搬到网上,线下办理途径不断萎缩甚至消失,老年人的处境和呼声,需要全社会给予更多关注。

2020年11月,国务院办公厅发布《关于切实解决老年人运用智能技术困难的实施方案》,坚持传统服务方式与智能化服务创新并行,围绕老年人出行、就医等高频事项和服务场景,提出了7个方面的20条具体措施。方案特别提出,在各类日常生活场景中,必须保留老年人熟悉的传统服务方式,充分保障在运用智能技术方面遇到困难的老年人的基本需求。据权威人士介绍,保留传统服务方式有多种形式。第一类是保留传统的纸质凭证,比如不会扫码或者不方便扫码的老年人,可由社区、医院提供纸质证明通行。第二类是专设老年人服务通道，主要是设立无健康码通道，以及在各类生活服务中设立老年人绿色通道等。第三类是保留人工服务，让窗口服务、电话专线、引导人员更好地帮助老年人。

把数据用起来

数据业既是传统产业升级的加速器，又是新兴产业孕育的催化剂，还是不同产业的黏合剂，数据业推动产业分工更精细、更柔性、更迂回、更个性，产业模块、产业环节、产业链条、产业网络、产业生态更耦合，从而发生更具创造性的融合演化裂变。

传统产业"金手指"

近年来，"赋能"在产业领域成了一个现象级的热词。数据业对经济发展具有独特的放大、叠加、倍增作用，能够像"金手指"那样，为传统产业带来全方位、全角度、全链条的改造，催生新的经济形态和财富生产方式。特别是"数据+算法+产品"运作方式的普及，有力支撑了传统实体经济的升维。

数据作为高速流动、持续增值的介质，用于记录、反馈和提升互动体验，过往杂乱、无用、静态的数据因为算法而变得鲜活，而拥有了生命，能够用于量化决策与预测。

例如新零售，是数据对传统产业改造的生动案例。这是以消费者体验为中心，以数据为驱动，对商品的生产与销售过程进行优化，进而重塑业态结构，并对线上服务、线下体验进行深度融合的零售新模式。

有人会说，传统零售同样是以消费者体验为中心，不也一直标榜"顾客是上帝"吗？两者的区别在于，实现以消费者体验为中心，到底需要多大的成本？

传统零售要实现这一目标，成本实在过于高昂。比如，在4S店，顾客购买豪车的时候，更容易享受到上帝般的服务。如果顾客只是去一家普通小店买包盐，老板的态度往往相对随意很多。又如，天气、疫情、重大节假日、球赛等，会较大程度影响消费者行为，传导到销售端，就会对到店客流产生影响。传统零售商仅仅通过销售数据很难捕捉到消费者行为的变化，即使知其然，也并不知其所以然。

在新零售时代，通过数据的驱动，以消费者体验为中心的成本极速降低。新零售将数据与顾客心理、商业逻辑完美融合，用数据为传统零售插上腾飞的翅膀，真正实现通过消费方式变革牵引生产变革。

例如，新零售可以借助门店的Wi-Fi探针、蓝牙感知技术自动识别进店顾客的手机或者其他联网设备以获得数据，在不惊扰客户的情况下，了解客户的需求，并快速提醒前台导购或服务人员。消费者在哪些货架前停留了多久、有怎样的购物轨迹，都尽在掌握。通过对产品数据进行精准分析，对客户群体进行精准分类，进而实现个性化营销和业绩的提升。

延伸阅读

数据赋能新零售

2016年，阿里巴巴素型生活全球首家O+O模式跨界集合店正式在成都开业。所谓跨界集合，是指与59个互联网品牌产生跨界合作，涉及服饰鞋包、智能家居、数码科技等多品类商品。店里选择哪些品牌进驻，商品如何摆放，背后都有阿里巴巴的消费者数据做支撑。在开店之前，阿里巴巴先对店面周边5公里范围内的用户进行了"画像"，决定将门店的客户定位于25岁到35岁的女性消费者。周边的消费者平时在淘宝上购物时最关注哪些品牌、哪些商品，实体店都能提前做到心中有数，并根据消费者需求，合理配置店内的品牌和商品。前期规划时，阿里巴巴还发现店面周边的人群有两个共同的偏好，一个是茶，一个是家居，因此，店里专门辟出两个区域来做茶品和家居用品的销售。

> 店内商品如何摆放也有阿里巴巴的数据做支撑。平时购买女装的消费者，在买完衣服后，大都会挑选一些相应的配饰，店内商品在陈列时就会将这两类商品摆放在一起，同时带动这两类商品的销量提升。此外，阿里巴巴后台可以实时监测哪些商品可能不太受消费者喜欢，或者即将过季。那么店铺可以及时将这些商品调整到打折区，刺激这些商品的销售。

工业流程"指挥棒"

如前所述，数据如星星之火，可以燎原，但是数据也如水，具备巨大的柔性力量。

数据，不仅仅是黏合剂，更是催化剂，通过相互渗透，原有物质打破既有壁垒，发生难分彼此的化学反应，并催生新的生产方式。

例如，柔性生产。从制造大国到制造强国，从传统产业到数据业，中国经济转型的一个关键，就是如何从"刚性制造"转向"柔性制造"。数据可以打破制造业和服务业的壁垒，对传统的制造进行"软化"，产生跳脱出既有产业模式的"新物种"。

工业流程讲究的是效率和批量化，按照传统生产模式，一条生产线只能生产一个规格的产品。因此,定制经济难以上规模,存在着很大的成本制约。随着个性化消费时代的到来,市场对生产弹性的要求越来越高。这就需要更"聪明"和更具"弹性"的生产线,可以根据订单要求的不同,同时上线生产不同的产品。

从本质来看,柔性生产是以需定产,使生产过程由厂家主导转型为由消费者主导,这仅靠制造业是无法完成的。而在数据技术的支持下,多种产品能在同一套生产体系、同一条生产线上进行生产,投资风险分散,制造成本降低,这就为柔性生产提供了巨大的可行性和实用价值。

柔性生产规模不断扩大,已进入顶层设计的范畴。2019年9月,工业和信息化部出台的《关于促进制造业产品和服务质量提升的实施意见》指出,鼓励企业技术创新,开展个性化定制、柔性化生产,丰富产品种类,满足差异化消费需求。同年11月,《关于推动先进制造业和现代服务业深度融合发展的实施意见》印发,要求推广柔性化定制,实现以用户为中心的定制和按需灵活生产。

随着消费需求的变化倒逼生产商和服务商改变传统模式,柔性、快速反应的供应链正成为企业的核心竞争力,而这背后,正是数据的威力在发挥作用。

延伸阅读

三一重工如何运用两条总装配线生产 69 种不同产品？

三一重工在一间约 10 万平方米的车间里，用两条总装配线，可以实现起重机、挖掘机、消防车、泵车等 69 种产品的混装柔性生产，马力全开可支撑 300 亿元的产值。

在这背后，根本上是数据在发挥作用，整个厂房就像是一个大型计算系统加上传统操作工具和大型生产设备的智慧体，制造设备只是"大脑"支配下的"手脚"。车间里每一个工位接收到的任务，每个工位当前该做什么、怎么做，都由数据和算法说了算，工业互联网将这些数据联结起来，高效分配各种制造资源，持续优化生产方案。

2020 年 3 月，三一重工的智能制造部门接到一项新要求：随着公司订单量的增大，用于生产泵车的焊接转塔作业岛产能需要提升 8~12 台套/天，这意味着原来的 6 个工作岛现在不够用了，需要马上增加到 8 个工作岛。

放在过去，增加工作岛可能需要对生产线进行重新布局

> 改造,一般都需要半年时间。由于采用了柔性化的布局方式,从机器人采购到后期安装加工,三一重工只用了45天就完成了生产线的改造。更重要的是,没有增加一条生产线,就实现了产能的提高。

行业生态"培养皿"

传统的数据应用,往往存在于企业内部,封闭性过强,流动性不足。如果企业在保护个人隐私、收取合理费用的前提下,利用数据交易所等平台,与同行和上下游企业实现数据共享,沿产业链建立数据链,企业间、行业间的协同效应将大大增强,甚至培养孕育出产业新生态。

数据业孕育产业新生态的一种高级形态就是数据银行。2021年两会期间,不少人大代表和政协委员都提到了这一概念,建议探索建立数据银行。

什么是数据银行?将数据按照所设置的规则划定不同价值,存入"银行","开放共享",可换取获得等价数据的使用权限。在数据银行网络之上,则进一步建立中央数据中心或者说"数据央行",负责基础性、关键性数据的归拢、存储、授权等。企业可以从"银行"提取脱敏后的分级分类数据进行分析应用,但不拥有对关键数据的所有权。同时，运用密码技术严格保护数据的存储和传输，并确保数据可追溯，做好数据的销毁管控。

通过数据银行体系，一方面，有利于处理数据隐私保护和数据利用之间的关系，数据银行可以在获得用户同意和保护隐私的情况下，帮助用户获得更好的数据来源，提升市场竞争力。另一方面，可以推动数据价值化，充分发挥数据作为生产要素的潜在价值。

数据银行体系的建设，将推动数据成建制、多维度地资源化、资产化、价值化，打造出一个与货币金融体系等量齐观的新经济生态圈。

社会治理"遥控器"

"治大国如烹小鲜。"数据业的发展将深刻改变政府决策、民生保障和社会治理的逻辑和路径，对各种"小鲜"采取更加精准的"烹艺"，实现良政善治，更好地满足人民对美好生活的需要。

首先，政府宏观调控将会更加到位。财政、金融、税收、投资、就业、消费、出口等领域数据的挖掘开发，能让宏观调控更为深入、精准和高效，有利于防范和化解各种风险挑战。商贸流通、市场价格、安全生产等监管领域数据的汇聚利用，提升了政府对市场运行的实时感知能力，事前、事中和事后的全链条监管将更加科学有效。

应急部门可以通过利用行业和监管数据，建设公共卫生、自然灾害等重大突发事件处置的"数据靶场",定期开展"数据演习",为重大突发事件的决策研判和调度指挥提供支撑。针对新冠肺炎疫情、洪涝灾害等问题,都可以通过数据模拟和演习,提前设计最佳工作预案,将损失控制在最小范围。

其次,民生水平将得到进一步保障和改善。集成多种功能的数据通用算法模型和控件服务,可以应用于文化教育、辅助诊断、体育健身、文化旅游、养老育幼等更广泛的生活场景,满足更多个性化、多层次服务的需求。

在农业生产车间——温室大棚或者养殖场,利用实时在线数据和历史记录数据,可以构建个性化的动植物生长模型,让农业数据成为"新农具",最大限度实行精准化种养,包括从生产到消费全过程的数据可记录、可存储、可追溯、可查证。

在金融领域,基于数据认证、数据登记和数据分析技术推出的数字人民币能够实现支付即结算、实时到账以及防伪造、防篡改、防复制,目前已覆盖批发零售、餐饮文旅、教育医疗、公共交通、政务缴费、税收征缴、补贴发放等广泛场景,极大地便利人民群众的生活。

总的来看,"人人贡献数据、人人享受数据"的社会治理生态将是大势所趋。畅通拓展民众参与社会治理、政府感知社情民意的渠道,让每个人都能成为社会治理的参与者、贡献者和维护者,人人有责、人人尽责、人人享有的社会治理统一体,也会成为现实。

本章小结

本章聚焦"数据业如何平稳健康发展"进行探讨。数据业平稳健康发展是一项系统工程，无法一蹴而就，更不能毕其功于一役，需要我们保持历史耐心和战略定力。首先，做好充分准备。一是理论准备，破解权属确定、收益分配、流动和交易等三大理论难题。二是算力准备，把算力变为可流动的生产力资源，为各行各业提供像"自来水"一样的算力服务，抢占算力制高点。三是规则准备。抓紧构建数据开放、数据产权、数据保护、数据流动、收益分配等五大制度体系。其次，防范数据隐忧。数据正逐步成为"政府-市场"之外的"第三只手"，要防范数据和算法结合带来的公平、垄断和安全等方面的风险挑战。最后，打造应用场景。充分挖掘数据业在产业融合、宏观调控、改善民生、社会治理等方面的应用价值，为经济社会发展注入持久的数据红利。

后记
处在数据裂变新纪元的前夜

我们有幸生活在一个能够亲眼见证数据颠覆传统世界的时代

巴拿马的民族英雄托里霍斯有句名言:"革命就像锯木头,有时向前,有时向后,总体是深入发展的。"从革命史拓展至人类文明史亦如是。回首人类文明发展的漫漫征程,历经茹毛饮血的千年,当智人第一次点燃火苗的瞬间,人类的营养结构和生产工具进化走向被永久改变;结束了漫长的逐水草而居的颠沛流离,当亚述人冶炼出第一块青铜时,人类社会由游猎采集的部落经济迅速转向农耕文明;走过中世纪的漫漫长夜,一场黑死病无意中推动文艺复兴和宗教改革席卷欧洲,西方资本主义的萌芽和发展被按下了加速键；随着蒸汽机的轰鸣，小农田园被大工业的厂房烟囱取代，工业时代在一次次否定之否定中飞速演进，以前人难以想象的速度驱动着文明车轮加速滚滚向前……从第一产业到第二产业，再到第三产业，人类文明在螺旋式上升，有时低回婉转，有时高歌雄壮，最底层的逻辑就是生产力及其最活跃和主动的要素——技术，它不仅决定其他要素参与生产的方式和结果，也影响产品如何进行分配和消费，以及社会成员之间的关系和互动。

凡是过往，皆为序章。沉淀数百年的工业经济的底层土壤中，萌生出数据技术的嫩芽。1995 年，尼葛洛庞帝在《数字化生存》一书中预言，无形的"比特"将取代笨重的"原子"重建世界。弹指转瞬，预言成真。在海量的数据世界，新的产业形态逐渐构筑，社会和技术发展也不再是你来我往的线性更迭，而是能源革命、生物经济、太空经济、万物互联等交叉融合构造的复杂系统。它们将带着我们穿过未知的重重迷雾，跨过自然极限的巍巍山巅，翱翔在虚拟和现实交错叠加的浩瀚苍穹，这是第四产业带给人类的"元宇宙"。

我们需要更深入透彻地观察这个能够颠覆传统世界的数据时代

英国诗人刘易斯说："我们所说的征服自然的力量常常会变

成一部分人以自然为工具统治其他人的力量。"从发展的角度看，人们倾向于认为数据技术会自动深入生产和生活，降低成本创造价值，实现全社会的大融合、大团结。但近半个世纪的实践经验证明，技术的普及并非是免费的，第四产业给社会带来的深刻影响也比人们想象的复杂许多，这些影响必然会外溢出来，重塑社会分工和分配结构。在庆贺科技进步取得巨大经济成就的同时，我们也不应放弃从人文社会科学的角度对科技和社会的互动做冷静思考。这些思考主要体现在如下三问中。

第一问：科技进步是否可见不可测？罗伯特·索洛在1987年开了一个玩笑："除了在生产力统计指标上，你能在任何地方看到我们已经进入计算机时代。"玩笑话的背后，有大量宏观经济研究结果表明，美国的劳动生产率并未因计算机的使用而出现飞跃，有的年份甚至出现轻微下滑。虽然每个人都对技术的突飞猛进有着切身感受，但在统计数据上，这些人们每天都在频繁使用的科技产品隐形了。人类预期寿命延长、教育质量提升、家庭环境改善都没有体现在GDP统计中，这成为经济学者互相调侃的笑料之一。科技大发展、服务业大发展，看得见摸得着，但就是测不到，成为困扰学界的科技进步可见性悖论。

第二问：科技进步并不能均贫富？托马斯·皮凯蒂在自己的畅销书《21世纪资本论》当中，将科技进步与贫富差距拉大联系在一起。索洛剩余理论提出后的30年间，虽然技术以惊人的速度发展，但是并非所有人都能均等地从中获益。事实恰恰相反，大部分人在科技的突飞猛进中被落下了，社会总体福利水平提升反衬的是中下阶层生活质量的下降，以及金字塔顶层的人在财富分配中占比越来越高。这不禁让我们反思，第四产业发展对于社会福利的终极影响是怎样的？分配不均是科技进步本身造成的，抑或是现行的社会制度造成的扭曲？

第三问：政府与企业难双赢？工业时代，产业发展具有高度的本地属性，生产要素保障、产品运输销售及税收缴纳和监管政策都与所在国家紧密绑定。产业发展利益惠及所在国家，而所在国家也不断助推产业发展，最终实现共赢循环，因此二者利益具有高度一致性。经济全球化带来的也不过是跨国资本主义构建的"中心-边缘"关系，体现为中心国家产业对边缘国家的剥削，但中心国家中产业发展的利益仍与其自身密切结合。在数据业日益精进的时代，依托互联网和信息技术的发展，企业不需要在市场国设立机构就能实现跨境交易并赚取利润。市场国看似市场繁荣，社会对老百姓的满足度不断提高，但却没有从全球数据业发展带来的增长中"分得一杯羹"。企业在境外获得了超额利润，并充分利用低税地进行全球避税，获得巨额财富，政府反而"竹篮打水一场空"。

数据业作为新生产业，也是理想中的第四产业，能否跳脱这三问？能否带给中国乃至全球均衡稳定可测的未来？答案还不得而知。但总体说来，在第四产业发展趋势日益明朗、数据科技进步和融合创新无法避免的当下，我们对正确处理技术与社会的关系抱持着审慎乐观的态度。对此，我们能做的也许是透彻地理解数据业的发展规律，深入把握数据业的未来趋势。这需要我们俯下身来细心观察技术进步对社会各个层面的点滴影响，并做忠实记录。社会的现代化要求管控手段和思想的现代化，技术赋能于人，单个人的力量越大，思想越丰富，社会作为所有人的总体越应更发展、更成熟和更可控。也许，我们可以科学设置数据业——第四产业的概念、类别、延伸范围，提高统计工作科学化水平，来解决科技进步"可见不可测"的难题；抑或我们采取更加公平可及的共同富裕政策，来填平科技发展带来的少数人暴富导致的财富"鸿沟"；又或者我们以"双支柱"全球税改为抓手，确保各国政府与跨国企业实现双赢。凡此种种，不一而足。但不可否认的是，科技进步是推动人类社会向前发展的终极力量之一，人类自我反省、修正和革命的精神，同样也是。

第四产业注定要书写一个变革的时代、一个伟大的时代、一个被载入人类史册的数据时代

第四产业的发展进程，是人类加速走向自由王国的进程。在这个伟大的时代进程中，大量数据以机器可以直接理解的方式被

创造出来。机器学习、计算机视觉、自然语言处理、语音识别等技术以肉眼可见的速度进阶——机器由被动接受数据走向半自主观察现实世界。数据业以前所未有的低成本、分布式、可记录、实时可查询等优势为参与其中的每一个人构建数据身份、数据信用、数据观念、数据思维、数据逻辑乃至数据依赖,而这必将深刻影响人类行为,重塑人类社会结构。

在这一激荡的时代洪流中,第四产业也必然是伴随着中华民族崛起的最鲜亮的背景色。中国的数据业生于草莽、长于丛林,成就了和西方发达国家不尽相同的生态。深刻的洞察、超前的谋划、独特的制度优势、一致的果敢行动让数据连接快速下沉为基础设施,进而使生态体系中的各个主体得以自发式高速成长。基础层的云计算与数据仓库成为数据业的核心支撑;平台层的电商平台、内容平台和交通平台引领全球,成为数据业的发展沃土;而根植沃土之上的新国货品牌、内容创作者和出行服务者汲取着数据力量茁壮成长,成为中国经济最具活力的增长极。高速泛在、天地一体、云网融合、智能敏捷、绿色低碳、安全可控的中国数据业的发展经验,为全球提供了重要启示和力量。穿越丛林,拨开迷雾,数据业的未来将是一片更为广阔的发展天地。理解数据,拥抱数据,运用数据,则未来所有的企业都将是面向科技前沿的企业,中国经济的未来更加不可限量。

今天,号角已经吹响,一些人感知到了一场颠覆式革命即将到来，但我们中的大多数人仍沉浸于工业时代的回响余声中。在迎接朝阳的黎明，以怎样的姿态见证新纪元最早的那缕曙光，决定了每一个人、每一个社区和每一个国家以及这颗蔚蓝星球的未来。

明天，让我们共同以第四产业为航标，奋楫扬帆、乘风破浪，驶向数据业的星辰大海。